„...DEM GEHT'S SPRINGER UM WAS...“

Wer hat Angst vorm braunen Mann?

Niemand.

Und wenn er aber kommt?

Dann laufen wir davon.

Aber wohin?

W0278646

Die Herausgeber

Christian Springer, am Silvesterabend 1964 in München geboren, studierte Semitistik und Bayerische Literaturgeschichte, brach aber das Studium kurz vor Ende ab, um Kabarettist zu werden. Die Grundsätze seiner satirischen Arbeit betrachtet er auch als Leitlinien für sein privates Leben. Er gründete 2012 den humanitären Verein Orienthelfer e.V. und organisiert regelmäßig öffentlichkeitswirksame Veranstaltungen zur Erinnerungskultur in Bayern.

Kerstin Schweiger, Jahrgang 1993, ist Zimmermeisterin und staatlich geprüfte Bautechnikerin. Neben ihrer beruflichen Tätigkeit als Bauleiterin veröffentlicht sie regelmäßig politische Texte zu Politik und Gesellschaft. Die Leidenschaften für Baugewerbe und Politik verknüpft sie seit einigen Jahren, indem sie die Projekte von SCHULTERSCHLUSS beratend und in der Herstellung unterstützt. Sie lebt im Landkreis Regensburg.

3. Auflage 2025
© cs.wort Verlag München 2024

Covermotiv: stock.adobe.com
Layout: Meike Sellier
Druck: Kriechbaumer Druck GmbH & Co. KG

Alle Rechte vorbehalten. Kein Teil des Werks darf in irgendeiner Form (Druck, Fotokopie, Film usw.) ohne schriftliche Genehmigung des Autors reproduziert und / oder jedweder Art verarbeitet werden.

ISBN 978-3-9818358-6-1

BAYERISCHER MOB

wie die Gewalt in die Politik einzog

Herausgegeben von
Christian Springer und
Kerstin Schweiger

cs.wort

Das Jahr 2023: Es gab 2.800 Angriffe auf Politikerinnen und Politiker.
Die Hälfte davon traf die Grünen.
Wer ist schuld an der Hetze?

Zwei Seiten

»Das hat nichts mit Politik zu tun, das ist Agitation auf einem Niveau, das ich für unmöglich gehalten hätte noch vor zwölf Monaten.«

Oberbürgermeister Dieter Reiter zur Sprache der Bayerischen Staatsregierung

oder

»Mimosenhaftigkeit«

Markus Söder über die Reaktionen der Grünen auf die Angriffe

Inhalt

Alle Texte, die nicht als Zitate gekennzeichnet sind, stammen von Christian Springer und sind in enger Zusammenarbeit mit Kerstin Schweiger entstanden.

Die Mitautoren:

Kerstin Schweiger,
S. 47/48, 84/85, 88, 96–100, 109/110, 115

Steffen Frühauf, S. 38/39

Teresa Reichl, S. 27/28

Prof. Dr. Michael Reng, S. 58–61

Karl Stankiewitz, S. 122/123

Prof. Dr. Michael Sterner, S. 66–71

Hans Well, S. 146/147

Wir bedanken uns bei den Politikerinnen und Politikern, die uns ihre Fotos zur Veröffentlichung zur Verfügung gestellt haben.

Zunehmende Gewalt in Bayern

Am Beginn der 1970er Jahre gab es weltweit nur fünfzig Demokratien. Heute sind es doppelt so viele. Aber man unterscheidet die Demokratien heutzutage sorgfältiger: in »vollständig«, »unvollständig« und »hybrid«, also die Mischform bisserl Diktatur, bisserl Demokratie. Alles zusammen ergibt das über einhundert demokratische Länder. Aber der Vormarsch der Demokratie hat einen Haken. In den Ländern mit »vollständiger Demokratie« leben im Jahr 2023 nicht einmal acht Prozent der Weltbevölkerung. Wir haben Glück in Deutschland, denn wir gehören dazu. Allerdings nur auf dem 12. Platz, hinter Taiwan und Luxemburg. Kanada, Japan, Österreich, Frankreich, Spanien und Italien liegen im *Demokratieindex* hinter uns.
Was ist eine Demokratie? Es sind viele Bücher darüber geschrieben, viele Reden darüber gehalten worden. Aber einer der wichtigsten Punkte ist die Legitimierung der politischen Opposition. In einer Demokratie hat sie neben der führenden Macht etliche Rechte. Aber es gibt wohl kaum ein anderes Land, in dem die Opposition mit so viel Respekt behandelt wird als Großbritannien. Das Prinzip der politischen Legitimierung schlägt sich im Stil des Umgangs nieder: »Her Majesty's Most Loyal Opposition« ist die offizielle Bezeichnung derjenigen, die anderer Meinung sind.

Der Wahlkampf ist das Herzstück einer Demokratie. In dieser Phase vor einer Wahl soll dem Wahlvolk die Möglichkeit gegeben werden, sich unter möglichst objektiven Gesichtspunkten ein Bild über die Kandidaten und die Ziele der Parteien zu machen. Dazu gehört die Übereinkunft über die Länge des Wahl-

kampfs oder die Art der Wahlwerbung. Doch es kommt auch mal vor, dass in einer der sogenannten »Demokratien«, der Regierungspartei erlaubt wird, noch am Wahltag IM Wahllokal Werbung zu machen. Den anderen natürlich nicht.
Es ist auch sinnvoll, den Zeitraum des Wahlkampfs einzuschränken. Nicht zu lang, und nicht zu kurz. In Singapur darf der Wahlkampf nur neun Tage dauern. Das ist undemokratisch kurz. Bei Wahlen in Uganda (Demokratie?) ist der amtierende Präsident von den Regeln ausgenommen, er darf die Staatskasse plündern und damit Werbung machen für sich und seine Regierungspartei. Unerlaubter »Missbrauch des Amtsbonus« sagt die Wahlrechtskommission dazu.

Ein demokratischer Wahlkampf ist nichts anderes als ein Wettbewerb um die Stimmen der Wähler. Und wie jedes Fußballspiel hat auch dieser Wettstreit seine Regeln. Für Gewaltakte und Einschränkungen des Gegners gibt es die Rote Karte. Unterdrückung von Kritik, Unfreiheit der Andersdenkenden sind undemokratische Auswüchse und das Kennzeichen von Autokratien und Diktaturen. Der Ungerechtigkeit sind dabei keine Grenzen gesetzt. In Myanmar sitzen 224 Abgeordnete im Parlament. Etwas mehr als in Bayern. Aber 25 % der Abgeordnetensitze werden nicht vom Volk gewählt, sondern vom Militär bestimmt. Als ein Land mit undemokratischer Vergangenheit wollen wir es jetzt besser machen und haben beschlossen, dass wir im Vorfeld von Wahlen die Opposition nicht in ihren Rechten beschneiden werden.
Es klingt ganz simpel:
Die Opposition darf in ihren Wahlkampfauftritten und ihrer Wahlwerbung nicht eingeschränkt werden.

Es darf keine Behinderung ihrer Vereinigungs-, Meinungs- und Informationsfreiheit geben. Diese Rechte gelten selbstverständlich VOR den Wahlen, WÄHREND der Wahlen und NACH den Wahlen.
Menschen, die versuchen, diese Rechte der Opposition zu sabotieren, müssen von staatlicher Seite ermittelt, verfolgt und zur Verantwortung gezogen werden. So wie beim Schwarzfahren im Zug.
Bedrohungen, Einschüchterungen und tätliche Angriffe auf den politischen Gegner darf es nicht geben. Sie zerstören das Gleichheitsprinzip der Demokratie.

Aber in Bayern hat sich die Gewalt in der politischen Debatte ausgebreitet. Eine Welle von Einschüchterung rollt über das Land. Ein echter Mord, wenn auch nur angedroht, hat aber in der Politik nichts zu suchen. Auch das Brüllen und die Fäuste heben taugen nicht dazu, jungen Menschen die Demokratie schmackhaft zu machen. Gewalt als Mittel der politischen Auseinandersetzung kennen wir höchstens aus den Nachrichten über Nordkorea, Iran, Russland oder Syrien. Wir wollen das nicht. Und wir erlauben es auch nicht.

Und doch passieren erschreckende Dinge hierzulande: »Das nächste Mal seids dro.« Das sagte ein Unbekannter zu einer Wahlhelferin der SPD, die gerade ein Plakat ihres Kandidaten aufhing. Das war im Herbst 2023 vor der bayerischen Landtagswahl. Und es war kein Einzelfall. Hunderte von Vorfällen dieser Art gab es, hauptsächlich gegen die SPD und die Grünen. Was mit »seids dro« gemeint war, wurde nicht selten offen ausgesprochen: Wir bringen Euch um.

Spätestens an dieser Stelle hat die Staatsregierung die Aufgabe, die Demokratie zu verteidigen. Das ist nicht immer einfach. Polizei und Justiz können oft nur dann agieren, wenn sie von den Betroffenen zu Hilfe gerufen werden. Doch die Vorfälle sind so häufig geworden (und auch oft anonym), dass eine Ermittlung nicht möglich scheint. Etliche Betroffene sind durch die Gewalttätigkeiten so eingeschüchtert, dass sie kein weiteres Aufsehen wollen. Deshalb sind manche Fälle in diesem Buch anonymisiert.
In keinem Wahlkampf zuvor gab es je diese Masse von Androhung von Gewalt, Beleidigung, Sachbeschädigung, Vandalismus, bis hin zur realen Drohung, jemanden umzubringen. Viele ehrenamtliche Helfer der Parteien gaben auf. Zuhause warten die Kinder, und hier will mich jemand abstechen, bloß weil ich ein Wahlplakat aufhänge?
Das geht alles zu weit.

Ist das wirklich alles *neu*? Noch *nie* da gewesen? Ja und nein. Ähnlichkeiten mit der Vergangenheit sind nicht vergleichbar. Es war alles anders: die politischen Verwerfungen im Lande, die globalen Gegebenheiten, und eine anders Denkende und anders agierende Generation. Im Fernsehen wurde geraucht, in der Schule gebetet, und das Handy war noch nicht erfunden.
Trotzdem:
Drei Jahre nach dem tödlichen Bombenanschlag eines Rechtsextremisten auf das Münchner Oktoberfest (1980) wurde in München von ehemaligen CSU-Mitgliedern eine neue Partei gegründet: Die Republikaner (REP).
Sie waren Ende der 80er und am Beginn der 90er Jahre die wichtigste rechtsextreme Partei in Deutschland. Mit dem Vor-

sitzenden Franz Schönhuber, einem prominenten Journalisten, zog die nationalpopulistische Partei 1989 ins Europaparlament ein. Die REPs gewannen sogar in Berlin 7,5 % der Wählerstimmen. Franz Schönhuber: »Ich bin nicht fremdenfeindlich. Ich habe wahrscheinlich die Hälfte meines Lebens auch arbeitsmäßig im Ausland verbracht. Es fing an, als ich als Soldat, Dolmetscher und Ausbilder der Waffen-SS war.« Über seine Zeit bei den Jusos schwärmte er: »Ein Gefühl der Kameradschaft – ein bisschen wie bei der Waffen-SS«.
Zu den üblichen Methoden der REPs gehörten die Verunglimpfung und Beleidigung der politischen Gegner und die Verharmlosung der nationalsozialistischen Verbrechen. Der bayerische Verfassungsschutzbericht von 1994 zitiert Franz Schönhuber: »Wenn ich wüßte, dass wirklich 20 % des deutschen Volkes Antisemiten sind, und wenn ich wüßte, dass uns 5 % davon wählen werden, dann könnten wir in der Judenfrage schärfer rangehen. Denn die Juden sind wirklich Stinker.«
In den Propagandaschriften der REPs wurden Asylbewerber systematisch diskriminiert: als Schmarotzer, Drogendealer und Verbreiter von AIDS. Neben Rassismus und Antisemitismus der REPs war die Regierung in Bonn (bis 1990 Hauptstadt der BRD) Zielscheibe der politischen Schmähungen: »Korruptions- und Versager-Elite«, »Bonner Bonzen«, »Polit-Marionetten«, »Verräter am Volk«, »Multi-Kulti-Lobby«, »Lumpen«.
Gerne griff man zu Erlöser-Parolen, wie hier Franz Schönhuber: »Ich bin vom Schicksal ausersehen, dem deutschen Volk zu helfen.«

Hate Speech und Politik ohne Anstand sind nicht neu und funktionierten auch ohne Internet. Im Jahr 2024 feiert Facebook seinen 20. Geburtstag. Kostenlos können sich hier weltweit Menschen verlinken und Informationen austauschen. In Sekundenschnelle. Sogar der im Jahr 814 verstorbene Karl der Große hat eine eigene Facebookseite mit 190 Followern. Die Hälfte der Menschheit ist täglich in den sozialen Netzwerken unterwegs, im Schnitt für 2 Stunden und 15 Minuten. Inzwischen gehören *WhatsApp* und *Instagram* zum Konzerngeschäft von Facebook und erzielten im Jahr 2023 einen Umsatz von 135 Milliarden US-Dollar.

Aber die virtuelle Welt ist nicht nur für die guten und edlen Menschen eine Spielwiese. »Im Internet ist mittlerweile jede Art von Hemmschwelle gefallen.«, sagt der Fachanwalt für Onlinerecht Michael Terhaag. Sex und Hass finden mehr Interessierte als die Suche nach dem besten Strand von Kreta. Die Gefahr, dass die Asozialen das Internet kapern könnten, wurde sofort erkannt. Der Deutsche Knigge-Rat veröffentlichte 2010 bereits einen »Social-Media-Knigge«.
Die Anstandsregeln für das Internet mahnen: »Wahren Sie die Formen der Höflichkeit«. In den verstaubten Belehrungen erfährt man, dass das World Wide Web »das sein kann, was früher einmal die Dorflinde war, unter der sich Menschen zum täglichen Meinungsaustausch getroffen haben.« Auch Wikipedia rief früh dazu auf: »Vergiss niemals, dass auf der anderen Seite ein Mensch sitzt.« Die älteste Anstandsregel des Internets ist schon aus dem Oktober 1995: Das Dokument »Netiquette Guidelines, No. 1855«. Aufklärung für die »Newbies«, denen damit die Umgangsregeln mit der neuen virtuellen Öffentlichkeit nahegebracht werden sollten. »Insbesondere sollten Unhöflichkeiten, Doppeldeutig-

keiten oder gar Beleidigungen, nicht die Kommunikation per Text erschweren.«

All das liest sich inzwischen wie ein Sketch, wenn man nur einen kurzen Blick in die reale Welt des Internets wirft, wo es längst zur harmlosen Normalität gehört, wenn da nur steht: »Verpiss dich, linksversifftes Arschgesicht, wir wissen, wo du wohnst«.
Aber seit 2023 ist eine neue Stufe der Gewaltbereitschaft erreicht. Parallel, im Internet und in der realen Welt, sind die Bedrohungen auf dem Vormarsch. Reale Menschen werden bedroht und angegriffen. Faktisch bedeutet das: Es existieren gut vernetzte Gruppen, die die Versammlungs- und Meinungsfreiheit von anderen mit allen Mitteln einschränken wollen.
In dieser Situation erwartet man als Opposition auch den Schulterschluss durch den politischen Gegner. Ein Schutzbekenntnis. Worte gegen die ausufernde Gewalt.
Was passiert stattdessen? Der bayerische Ministerpräsident wirft den Betroffenen »Mimosenhaftigkeit« vor. Und der stellvertretende Ministerpräsident analysiert die Lage so: »Ich glaube, dass viele Grüne ein Fall fürs Sofa beim Psychiater wären.« Man nimmt die Angriffe nicht wahr als das, was sie sind: eine Bedrohung des demokratischen Gebildes.

Die angedrohte und reale Auslöschung des politischen Gegners reichte schon in der Geschichte höchstens für Krokodilstränen. Als der österreichische Erzherzog Ferdinand von serbischen Terroristen in Sarajevo umgebracht wurde, was gemeinhin als Auslöser für den Ersten Weltkrieg gilt, rief der amtierende Kaiser Franz aus: »Entsetzlich, mir bleibt auch nichts erspart!«

Von Betroffenheit keine Spur. Doch am Ende war auch der Kaiser weg.

Dieses Buch erzählt die Geschichte von Dutzenden von Gewaltszenarien, und dabei sind nur die wenigsten hier erfasst.
Es ist höchste Zeit, dass die Politik einschreitet, um eine Eskalation zu verhindern. Aber viele Politiker machen das Gegenteil. Sie gießen Öl ins Feuer, spielen die Vorfälle herunter und reichen den potenziellen Gewalttätern das Feuer für die Lunte. Das Problem der Gewaltbereitschaft auf der rechten Seite totzuschweigen oder zu verniedlichen ist der Weg in die Katastrophe. Am Ende wird nicht die Demokratie stehen, sondern Hass und Willkür. Diese Ziele werden inzwischen offen ausgesprochen, meistens eingeleitet mit »wenn wir jetzt dann an der Macht sind«.

Halten wir sie auf. Jetzt.

Zur zweiten Auflage:
Die Übergriffe führten seit der Erstauflage des Buches immer wieder zu Rücktritten in der Politik. Es treten aber nicht die geistigen Brandstifter zurück, sondern die Angegriffenen. Am 17. September 2023 hielt ich bei einer Wahlkampfveranstaltung der Grünen in Neu-Ulm eine Rede zur Demokratie. Als ich die Bühne verlassen hatte, waren die Spitzenkandidaten auf der Bühne. In diesem Moment schleuderte ein Mann, der der Querdenkerszene zugeordnet werden konnte, einen armdicken Stein auf die Redner, der zum Glück niemand verletzte. Die Augsburger Allgemeine titelte: »Hat Kabarettist Springer überzogen?« –
Auch dies trieb mich an, dieses Buch zu schreiben.

»Nimm dir 5 Minuten Zeit, schlage einen Grünen breit«

Drohung im Landkreis Würzburg. Landtagswahlkampf 2023

Fußgängerzone Schweinfurt – Kopfschuss

Herbst 2023. Es bleiben noch zwei Wochen bis zur Bayerischen Landtagswahl. Viele bayerische Wählerinnen und Wähler sind noch unentschlossen, zum festen Bestandteil des Stadtbildes gehören in den Fußgängerzonen die Infostände aller angetretenen Parteien. Keine Provokationen, keine Megaphone, nur kleine Gruppen von Parteimitgliedern, die Infoschriften, Aufkleber und Luftballone verteilen. Alles in allem ein friedliches Abbild demokratischen Treibens.
Am Freitag, dem 22. September, ist Herbstbeginn, und zugleich der Jahrestag, an dem Abraham Lincoln das Ende der Sklaverei verkündet hat. Die Grünen werben in der Schweinfurter Innenstadt um Stimmen für die kommende Wahl.

Paul Knoblach sitzt für die Grünen seit 2018 im Bayerischen Landtag. Und er gehört damit zu jenem Personenkreis, die der stellvertretende Bayerische Ministerpräsident im öffentlich-rechtlichen Fernsehen als »Taugenichtse« bezeichnet. Als einen der »Verrückten«, die »zurück in die Steinzeit, ohne Industrie und Auto« wollen. Und natürlich ist der Grüne Paul Knoblach auch einer derjenigen, der »noch nie eine Schaufel in der Hand gehabt« hat. Darüber kann Paul Knoblach nur grinsen, sein Lebenslauf erzählt anderes. Der gebürtige Franke ist gelernter Mechaniker, hat seinen Wehrdienst absolviert, arbeitete im Nervenkrankenhaus und wurde nach seinem Staatsexamen Stationsleiter. Nebenher übernahm er den Bauernhof der Eltern und stellte dort schon im Jahr 1992 auf ökologischen Landbau um. Dazu war er noch im Gemeinderat, in der Kirchenverwaltung, bei der Jagdgenossenschaft und

40 Jahre bei der Freiwilligen Feuerwehr ehrenamtlich tätig. Dennoch gehört Paul Knoblach mit diesem Lebenslauf zu denen, über die Markus Söder sagt, sie »passen mit ihrem Weltbild nicht zu Bayern«, »auf gar keinen Fall«. Das sah im Dezember 2020 noch anders aus, als Markus Söder von einer »Versöhnung von Ökologie und Ökonomie« träumte und Schwarz-Grün für das »interessanteste politische Angebot« hielt. Schnee von gestern.
An jenem 22. September 2023 machen die Grünen an ihrem Infostand das, was sie tausendmal am Tag machen: sie sprechen Passanten an. Viele laufen vorbei, andere bleiben stehen und lassen mit sich reden. Einer sagt plötzlich:

»Mein Angebot an euch ist eine Kugel in den Kopf«.

Dann geht er weiter. Man ist entsetzt, auch diejenigen, die nur zufällig dabeistehen. Am darauffolgenden Samstag die gleiche Szenerie. Infostand, die Grünen, Passanten.
Auf einmal kehrt derselbe Mann an den Infostand zurück, der am Vortag mit dem Kopfschuss gedroht hat. Zufällig ist die Polizei anwesend, und nimmt seine Personalien auf. Er erhält Platzverweis und eine Anzeige.
Zwei Tage später steht derselbe Mann im Wahlkreisbüro der Grünen. Er bittet um die Adresse der bedrohten Person, um sich zu entschuldigen. Er erhält die Daten nicht und geht wieder.
Am Mittwoch, den 27. September 2023 rüttelt derselbe Mann an der verschlossenen Tür des Parteibüros. Zu einem anwesenden Mitglied der Grünen sagt er:
»Ich erfahre den Namen sowieso und dann gibt es eine Kugel in den Kopf!«

Am darauffolgenden Tag durchsucht die Polizei die Wohnung des Mannes und findet eine Schreckschusswaffe. Der Mann besitzt den kleinen Waffenschein.
Schweinfurt hat eine Vorgeschichte, was Rechtsextremisten angeht. Aus der Webseite der rechtsextremen Kleinpartei »Der III. Weg« ist zu lesen: »Am vergangenen Samstag, dem 29. Oktober 2022 eröffnete unsere Partei ›Der III. Weg‹ das bundesweit vierte Bürger- und Parteibüro in der Kugellagerstadt Schweinfurt. Diesen feierlichen Anlass begingen wir mit einem Bürgerfest direkt vor unseren neuem Büro.«
»Der III. Weg« hat sich in seiner Satzung ganz offen am Parteiprogramm der NSDAP orientiert, Partei und Mitglieder sind antisemitisch, ausländerfeindlich und vertreten laut Verfassungsschutz »einen neonazistisch geprägten Rechtsextremismus«. Dieses 2022 eröffnete sogenannte Bürgerbüro dient als Anlaufstelle für Gleichgesinnte, soll aber zugleich junge Erwachsene ködern, mit Sportangeboten, Stammtischen und Survival-Kursen.
Kurz nach der Gründung 2013 bezeichnete »Der III. Weg« den Brandanschlag auf ein Flüchtlingsheim als »vorzeitiges Weihnachtsgeschenk«. Eine der führenden Figuren in Schweinfurt ist der Zimmerermeister Roger Kuchenreuther, der vorhatte, die Grünen zu unterwandern. »Ich habe schon als Kind Hitlerjunge gespielt, das war schon immer in mir drin.«, erzählt er am Telefon.
»Der III. Weg« trat zur Bundestagswahl 2021 an und erreichte über 8.000 Stimmen. Auf ihren Plakaten war zu lesen: »Hängt die Grünen«. Vor diesem Hintergrund stellt sich die Frage: Was meint der Generalsekretär der CSU, Martin Huber, wenn er behauptet, die Grünen hätten selbst jahrelang »die Grenzen des Protests verschoben«?

Landkreis Traunstein, 2024
Ein Galgen steht im Hintergrund. Der Eingang des Bauernhofs ist nur ein paar Meter entfernt. Im Vordergrund eine massive Holztafel, die von der Hauptstraße gut lesbar ist: »Rote« und »Grüne« werden dorthin »gejagt«, wohin sie »gehören«: in »Löcher«. Die Strafanzeige wird noch bearbeitet. Erste Bürger wollen von dort wegziehen. Eltern ziehen sich aus dem politischen Engagement zurück, um ihre Kinder nicht in Gefahr zu bringen. Es herrscht große Sorge, dass eine undemokratische Atmosphäre entsteht.

Waffen in Bayern

In Bayern ist man gern spitze. Voller Stolz erklärt der bayerische Ministerpräsident Markus Söder auf dem Parteitag der CSU: »Bayern ist fast überall die Nummer eins!« Im März 2024 meldet der bayerische Innenminister einen weiteren bayerischen Rekord: 1,13 Millionen Waffen sind in Bayern in Privathand. Ein trauriger Spitzenplatz in Deutschland: Jede fünfte Waffe im Land befindet sich in einer bayerischen Wohnung. Und die Nachfragen nach scharfem Schießgerät nehmen immer mehr zu.

Dabei handelt es sich nur um die behördlich genehmigten Waffen. Was noch alles im Wald vergraben, im Speicher versteckt oder im Kofferraum unter Decke liegt, weiß kein Mensch. Manchmal greifen die Behörden ein: 145 Waffen sind im Jahr 2023 den Besitzern weggenommen worden. Die meisten davon gehören zur »waffenaffinen rechtsextremen Szene«. Andere kommen aus der Ecke von »Selbstverwaltern« und »Reichsbürgern«, deren 58-jähriger Anführer in Olching lebt und Polizisten am Telefon mit »Hinrichtung« gedroht hat. Aufgefallen ist er bereits mehrfach als Verschwörungstheoretiker und Corona-Leugner.

Die Statistik sagt zu Bayern:
2.590 Personen potenziell rechtsextrem.
Davon 1.070 Personen gewaltorientiert.
690 Personen sind Neonazis.

Es geht nicht nur um Waffen. Wer sich mit Nazi-Kram ausstatten will, muss sich nicht ins Darknet einloggen, sondern kann sich gemütlich seine Fan-Artikel ins Haus holen. Das »persönliche Skizzenbuch« von Adolf Hitler kostet 35.000 Euro, der original »Gesellschaftsanzug für Außenminister Joachim von Ribbentrop« ist für 125.000 Euro zu haben. Eine echte »Feldmütze für Unterführer der Waffen-SS« ist dagegen fast schon ein Schnäppchen: 25.000 Euro. Alle Angebote sind aus dem Frühjahrs-Katalog 2024 des Münchner Auktionshauses *Hermann Historica*.

Die Nazi-Schwärmerei ebbt nicht ab. Im Gegenteil. Junge Erwachsene einer Gruppe der Katholischen Landjugendbewegung besteigen den Bus regelmäßig mit Hitlergruß. Die Eltern eines 18jährigen schenken ihrem Buben zur Volljährigkeit ein gerahmtes Hitler-Bild und junge Burschen betreten ihre Stammwirtschaft am Samstagabend wie selbstverständlich mit erhobenem rechten Arm. Im Internet wird Michael Jackson zum Seelenverwandten und zur Nazi-Ikone gemacht: Angeblich zeigt er in einem seiner Musik-Videos den Hitlergruß. Dazu das Original-Zitat des Musikers: »Hitler war ein genialer Redner«.
Die erwähnten Vorfälle sind nur die Spitze eines Eisbergs und stammen alle aus Niederbayern. Und sie häufen sich. Seit wann ist das zu beobachten?
»Seit Aiwangers Flugblatt-Aussagen«. Das ist einstimmig der Eindruck aller Zeugen.

Die Messer und die Schützen

> »Ich bin überzeugt, Bayern und Deutschland wären sicherer, wenn jeder anständige Mann und jede anständige Frau ein Messer in der Tasche haben dürfte.«

> »Halbautomatische Gewehre sind für Jäger und Sportschützen unverzichtbar.«

Aus der Rede Hubert Aiwangers auf der Jagdmesse in Schloss Grünau in Neuburg an der Donau, Oktober 2019.
Der stellvertretende bayerische Ministerpräsident bezieht sich in diesen Aussagen nicht auf Gutachten, Umfragen oder Statistiken, sondern will mit seinen sogenannten »Überzeugungen« ein potenzielles Wählerklientel an sich binden. Ein halbes Jahr später, im März 2020, fanden in Bayern die Kommunalwahlen statt, bei denen die Freien Wähler 4 Prozent der Stimmen erhielten.

Kritik zu Aiwangers Äußerungen kam auch aus der CSU, der Staatskanzleichef Florian Herrmann formulierte es so: »Wie sich der Kollege Aiwanger äußert und welche Folgen das dann hat, das muss er mit sich selber ausmachen.«
Damit schließt der Staatskanzleichef nicht aus, dass solche Aussagen Folgen haben *könnten*.
Frage: Wenn dem so ist, »muss« es Aiwanger dann tatsächlich nur »mit sich selber ausmachen«? Oder ist es nicht vielmehr ein Politikum, das uns alle betrifft?

Ebersberg.
Brutale Messergewalt gegen Plakatierungen. Wenn eine dicke Doppelfolie so aussieht, ist das eine Drohung, hier gegen die Landtagskandidatin der SPD.

Hass auf Cem

Der Schwabe und Erstimmenkönig von Baden-Württemberg Cem Özdemir (Bündnis 90/Die Grünen) ist seit Dezember 2021 Bundesminister für Ernährung und Landwirtschaft. Er ist für eine Verschärfung der Pestizidverordnung und plädiert für eine ökologische Landwirtschaft und verbesserte Tierhaltung. Seit seiner Jugend ist er Vegetarier. Klingt alles harmlos. Aber inzwischen steht er ganz vorne auf der Liste der politischen Hass-Objekte der Bauern.

Die traditionelle Festwoche in dem 300-Seelen-Dorf Hart im Chiemgau nutzte der Kreisverband der Grünen Traunstein, um eine Veranstaltung für den Landtagswahlkampf zu organisieren. Natürlich wurde mit Cem Özdemir geworben. Ein Berliner Promi kommt ins Bierzelt am Land. Kaum war das bekannt, waren auch schon die Werbebanner zerschnitten, mehrmals hintereinander. Die Polizei stellte die Suche nach den Tätern bald ein. Niemand zu ermitteln, hieß es.

Am Tag der Veranstaltung war das Bierzelt schnell mit über 2.000 Personen überfüllt. 800 Interessierte mussten weggeschickt werden. Aber unter der ungewöhnlich großen Menschenmenge waren nicht nur Fans der Grünen.

Einige Burschen aus dem Ort hatten in Zeltnähe einen Wagen aufgestellt, ähnlich denen bei Faschingszügen.

Aus dem heraus wollten sie Steine verkaufen, in drei verschiedenen Größen. Wegen des Gedränges konnte der Wagen nicht mehr entfernt werden, und so musste er durchgehend von Polizisten bewacht werden, damit die Burschen ihre Steine nicht an gewaltbereite Störer verkaufen. Ungehindert aber wurden auf dem Parkplatz Trillerpfeifen an die Störer verteilt.

Und gleichzeitig dazu Ohrstöpsel, damit der Störer selbst keinen Gehörschaden erleidet.
Als Cem Özdemir ankam, durfte er aus Sicherheitsgründen gar nicht aussteigen. Erst nach dem Eintreffen polizeilicher Verstärkung wurde er unter größten Sicherheitsvorkehrungen über einen seitlichen Toiletteneingang ins Zeltinnere gebracht. »Das Ziel der Störer war es, die Veranstaltung zu sprengen«, sagt Gisela Sengl, die Landesvorsitzende von Bündnis 90/Die Grünen. »Eine andere Meinung zu haben, ist vollkommen in Ordnung. Aber diese Art und Weise der Auseinandersetzung, derart respektlos und gewaltbereit, ist es nicht.«
Trotz der Störungen ist es Katharina Schulze, Gisela Sengl und Cem Özdemir gelungen, nach der Veranstaltung mit ein paar Bauern ein direktes Gespräch zu führen, in einem von der Polizei abgesperrten Bereich.
Im Nachgang zu der Eskalation hätten sich viele Zeltbesucher und auch die Organisatoren von der Gemeinde und den Festvereinen offizielle und klare Stellungnahmen gewünscht. Die kamen nie. Es hieß, die Störer seien ja keine Einheimischen, sondern Auswärtige gewesen. Das war falsch. Viele der Störer waren den Besuchern bekannt, aus der Nachbarschaft und den umliegenden Gemeinden im Landkreis.
Angelika Maier, eine der Organisatorinnen, ist entsetzt: »Wir haben oft gehört, dass die Grünen ja selber schuld seien. Wer solche Politik macht, müsse mit sowas rechnen. Das ist das Schlimme: Der Hass und die ungezügelte Gewalt werden auch noch verteidigt.«

Aufstacheln – leicht gemacht

Gift versprühen und dabei erfolgreich sein, das kann nicht jeder. Den Führerschein zu *Hate Speech* gibt es nicht. Als Hassprediger größtmöglichen Jubel zu erreichen, dazu muss man Talent haben, und ein aufmerksames Auge auf die Umfragen. Da gibt es zum Beispiel das ECFR, das *European Council on Foreign Relations*. Die haben 17.000 Menschen in ganz Europa befragt, was sie im Frühjahr 2024 besonders umtreibt. Eine Frage galt der Energiepolitik: »Sollte die EU alles Mögliche tun, um die CO_2-Emissionen zu reduzieren oder dafür sorgen, die Energiepreise gering zu halten, auch auf Kosten des Klimas?«

Das Ergebnis in Deutschland:
21 % wollen den CO_2-Ausstoß verringern
29 % können sich nicht entscheiden
50 % wollen niedrige Energiepreise

Ein Politiker, dem die Stimmen mehr bedeuten als die Inhalte, braucht hier nur zuzugreifen.
Und irgendjemanden zum Schuldigen erklären.

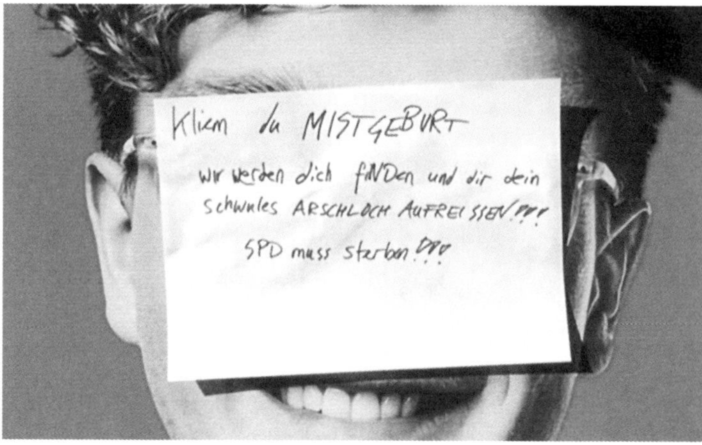

Straubing.
Drohung gegen den Landtagskandidaten der SPD.
»Kliem du Mistgeburt – wir werden dich finden und dir dein schwules Arschloch aufreissen!!! SPD muss sterben!!!«

Teresa Reichl

Wenn von Gewalt die Rede ist, ist meistens die körperliche gemeint. Jemandem eine reinhauen, eine Flasche werfen oder mit einer Waffe verletzen. Aber Gewalt geht viel, viel früher los – und beginnt und endet nicht im realen Leben. Versteht mich nicht falsch, ich liebe das Internet und Social Media, wirklich. Ich habe meine Karriere da gestartet, ich verdiene da Geld und ich bekomme wirklich viele liebe Nachrichten von wirklich vielen lieben Leuten. Solange ich in meiner kleinen, sicheren Blase bleibe. Sobald ein Beitrag von mir Menschen erreicht, die ihn nicht mit Absicht lesen, geht der Hass los. Im Internet eine Frau zu sein ist hart. Im Internet eine Frau mit Meinung zu sein ist härter. Und im Internet eine Frau mit politischer Meinung zu sein ist nochmal härter.

Man merkt, dass die AfD Soziale Medien besser verstanden hat als jede andere Partei. Man merkt, wie sie Tiktok und Instagram dominieren, wie sie sich breit machen, wie sie Menschen das Gefühl geben, sie wären nah an den »normalen« Menschen dran und würden die vorherrschende Meinung vertreten. Und auf alles andere wird geschossen. Verbal. Aber nicht mehr nur mit fake Profilen, nicht mehr nur anonym. Da kommentieren Elternteile, Lehrkräfte, Professoren und Firmenchefs die wüstesten Beschimpfungen gegen alle, die links der AfD sind. Sie haben keine Angst mehr, ihre Namen und Profilbilder offen zu zeigen. Sie haben keine Angst mehr, dass Menschen, die sie kennen, die Kommentare lesen könnten. Rechts sein ist im Internet salonfähig und damit auch der Hass gegen alle, die es nicht sind.

Und weil wir aber auf Social Media unterwegs sind, müssen die Hasskommentare nicht einmal unbedingt etwas

mit Politik oder dem Inhalt des Videos oder des Posts zu tun haben. Auf Tiktok wird sich zum Beispiel seit geraumer Zeit regelrecht ein Sport daraus gemacht, Hass gegen Ricarda Lang von den Grünen zu schüren. Und obwohl der Grund für den Hass natürlich ihre politischen Ansichten sind, geht es in den Hasskommentaren vor allem um eine Sache: Ihr Gewicht. Klar. Schließlich haben Frauen dünn zu sein. Dann dürfen sie vielleicht auch eine Meinung haben. Aber so? Keine Chance. Ich traue mich wetten, dass unter jedem Video einer anderen dicken Person – egal welchen Geschlechts – in einem Kommentar gefragt wird, wie die Person mit Ricarda Lang verwandt ist. Aber der Hass-Trend hört bei Menschen nicht auf. Ich traue mich wetten, dass unter jedem Video eines einigermaßen großen Tieres jemand fragt, was denn Ricarda Lang in diesem Video zu suchen hat. Egal, ob Blauwal, Elefant oder Gorilla, oft sogar bei rundlichen Insekten oder Mikroskop-Aufnahmen von irgendwas, was rund ist. Nicht mal vor Objekten machen die Kommentierenden Halt, auch Gebäude oder Dekoartikel werden mit Lang verglichen.
Und viele derer, die solche Kommentare schreiben, empfinden sie bestimmt einfach nur als lustig. Wollen Teil sein eines kleinen, witzigen Internettrends. Wissen vielleicht gar nicht, wer Ricarda Lang ist, was sie beruflich macht und in welcher Partei sie Mitglied ist. Viele wählen vielleicht sogar die Grünen oder zumindest nicht die AfD. Und trotzdem lassen sie sich von den Rechten instrumentalisieren. Üben Gewalt aus, die sich als Witz tarnt.
Und wundern sich dann, wo die ganzen Anschläge auf linke Politiker*innen herkommen.

Schwaben, Wahlkreis Augsburg-West

B. sitzt seit 2018 als Abgeordneter von Bündnis 90 / Die Grünen im Bayerischen Landtag. Im Zuge des Landtagswahlkampf 2023 kam es zu massiven Angriffen, er erzählt:
»Erstens, 2023 wurden Plakate von uns nicht nur zerstört, wir haben in Augsburg sogar Fälle gehabt, in welchen versucht wurde, Plakate von uns zu verbrennen!
Zweitens, durch eine Kandidatin der AfD wurden wir verleumdet. Sie behauptete in einem Instagram-Video, dass wir Grüne ihre Plakate zerstört hätten.
Drittens, zu einem Infostand von uns in der Innenstadt in Augsburg kam ein Herr, der uns minutenlang beschimpfte und beleidigte. Unter anderem bezeichnete er uns als ›Kinderficker‹. Wir mussten am Ende die Polizei rufen.«

Im Video ist eine Reihe von übelsten Beschimpfungen zu hören: »Ihr seid alle Lügner.« »Linke Ratten.« »Staatsparasit.« »Ihr seid Deutschland-Hasser.« »Dass Ihr pädophile Kinderficker seid, ist ja belegt.« In dem Video dieses Vorfalls ruft er: »Rechts ist die Wahrheit.«, und bekennt sich dazu, Corona-Leugner und Impfgegner zu sein.

Der Abgeordnete fügt noch eine vierten Punkt hinzu: »Auf TikTok habe ich ein Video geteilt, in dem ich die AfD kritisiert habe. Daraufhin kommentierte ein anonymer Benutzer mit der Losung der SA: ›Alles für Deutschland‹. Daneben ein Hitlergruß und ein blaues Herz.«

Günzburg.
Nur noch ein winziger Rest Papier weht in der rechten oberen Ecke des Plakatständers. Die Zerstörung der Wahl-Plakate findet im großen Stil statt – und nicht im Vorbeigehen.
»In nie dagewesener Form«, sagt der Wahlkampfmanager von Bündnis 90/Die Grünen Mathias Endres.

Die Zahlen – erschreckend und steigend

Alle zwei Jahre erstellt die Friedrich-Ebert-Stiftung eine Studie, die sich mit den politischen Einstellungen in Deutschland beschäftigt, die sogenannte »Mitte-Studie«.
Die Umfragen im Jahr 2023 sind alarmierend:
Das Vertrauen in die Demokratie sinkt unter 60 %. Fast 30 % der Befragten vertreten völkisch-autoritär-rebellische Positionen und 38 % glauben an Verschwörungstheorien. All diese Zahlen sind seit der Corona-Pandemie um ein Drittel gestiegen.
»Die regierenden Parteien betrügen das Volk.« – Dieser Aussage stimmen 30 % zu. Und 20 % finden den Satz »Unser Land gleicht inzwischen mehr einer Diktatur als einer Demokratie.« stimmig.

Die erschreckenden 13 %:
Die Politikerinnen und Politiker haben es verdient, wenn »die Wut gegen sie in Gewalt umschlägt«.
Diese Aussage befürworten 13% der Befragten.

Angst verbreiten – Fakten checken

Seit langem sind die Nachrichten eingerahmt von Börsen-News und Wetterbericht. Dazwischen kurze, knackige Sätze von Politikerinnen und Fußballtrainern. Aber denen glaubt man nicht mehr. Deshalb hat man den »Fakten-Check« erfunden. Laut Aussagen von Berufspolitikern war man anfangs sehr verunsichert, frei nach dem Motto: *Hoffentlich kommen sie mir nicht drauf*. Die Ausrede, dass dieses und jenes doch vorsätzlich aus dem Zusammenhang gerissen sei, funktionierte bei falschen Zahlen gar nicht mehr gut. Doch auch der Fakten-Check ist ein Gewohnheitstier und man hat sich an ihn gewöhnt. Eine neue Liebe zur Wahrheit hat er nicht entfacht. Markus Söder kommentierte in der Sendung von Sandra Maischberger den Fakten-Check, der seine Phantasiezahlen bloßlegte, so:
»Sie finden immer etwas in Ihren tollen Recherchen. Das ist immer das Lustige an Ihren Sendungen, dass immer die grundlegende Richtung versucht wird umzudrehen.«

Das einzig »Lustige« an der Sendung war aber nur, dass der bayerische Ministerpräsident über das *Luftballonverbot* schwadronierte. Für ihn ein erneuter Beleg, dass die Ampel »unser Land« in den Abgrund führt. Ohne einen einzigen Beleg anzuführen, behauptete Markus Söder, dass es dafür »zig Forderungen von Landesverbänden von den Grünen« gäbe.
Dann kam der Fakten-Check:
Grünes Luftballonverbot, ja oder nein?
Es findet sich keines. Also eines. Ein einziges.
Und dabei ging es um folgendes:
Vor vier Jahren beschloss der Umweltausschuss in Gütersloh

ein Luftballonverbot. Der Grund: Zu viele giftige Gummireste verteilen sich in der Natur und lassen viele Vögel, die sie fressen, qualvoll verenden.
Man könnte nun darüber streiten, ob dieses Verbot tatsächlich Deutschland in den Untergang führt.
Aber es ist keine Erfindung der Grünen.
Es wurde angenommen mit 6 Stimmen der CDU. Ja, es ist wahr, Grüne haben auch zugestimmt: Mit 2 Stimmen.
Lustig – findet Söder.

Die Vorurteile und die Ängste der Menschen im Land sind andere. Was treibt uns um? Der Klimawandel? Laut Umfragen der R+V-Versicherung ist der Klimawandel nur für die 14- bis 19jährigen die größte Angst. Diese Gruppe hat auch die längste Zukunft vor sich.
Die R+V-Umfragen existieren seit über dreißig Jahren, sie sind die einzigen Umfragen, die Langzeitbeobachtungen belegen können.
Im Jahr 2023 hatte die Mehrheit der Deutschen die größte Angst vor: Verteuerung. Essen und Trinken, dazu die steigenden Mieten, also das teurer werdende tägliche Leben. Einbrecher, Diebe, Katastrophen, atomare Bedrohung und giftige Lebensmittel finden sich nicht unter den ersten zehn Ängsten. Aber die Angst vor den Fremden, den Migranten ist enorm gewachsen.
Gebot der Stunde wäre nun für die Politik, die Ängste der Menschen zu reduzieren. Aber es scheint für manche Parteien immer mehr zur Hauptaufgabe zu werden, die Schuldigen für das Dilemma der steigenden Preise zu finden und mit dem Finger darauf zu zeigen:
Die warens. Mit uns wär das nicht passiert.

Das Spiel mit der Angst ist fatal. In letzter Konsequenz kann es denjenigen Kopf und Kragen kosten, die von den Wortführern an den Schuldigen-Pranger gestellt werden.
Inzwischen ist es für manche Politiker lebensgefährlich geworden. Zu oft wurde aus der anderen Richtung mit dem Finger auf sie gezeigt.
Sybille Berg hat einem ihrer Bücher den Titel *Zahlen sind Waffen* gegeben. Darin sagt sie 2019 in einem Interview in Zürich:
»Vermutlich wäre es korrekter zu sagen, dass es eine größere Menge aufgeklärter, humanistisch denkender Menschen gibt als noch vor hundert Jahren – dass es aber gleichbleibend einfach zu sein scheint, unter den Menschen alle Arten von Herdenpanik auszulösen. Menschen fühlen sich in der Angst heimischer als in der Hoffnung, und Hass scheint behaglicher als Mitgefühl.«

Putinfreunde drohen

»Wir bringen dich nach Buchenwald und wir stellen ein paar Zelte auf, Steine haben wir.« Im Konzentrationslager Buchenwald bei Weimar wurden zwischen 1937 und 1945 knapp 60.000 Menschen ermordet.
Eine Hassbotschaft per Email war in kyrillscher Sprache verfasst und lautete übersetzt: »Wir bringen Dich um, Du Schwein.« Die Drohungen gegen den SPD-Bundestagsabgeordneten Andreas Schwarz eskalierten, nachdem er sich für Raketen-Lieferungen an die Ukraine ausgesprochen hatte. »Das fängt bei Beleidigungen an, dass ich an die Front kommen soll«, erzählt Andreas Schwarz.

Aus dem Konzentrationslager Buchenwald, das bekannt war für die Widerstandsaktionen der dort Internierten, stammt ein Manifest. Der Paragraf 1 lautete:
»Vernichtung des Faschismus
Solange Faschismus und Militarismus in Deutschland nicht restlos vernichtet sind, wird es keine Ruhe und keinen Frieden bei uns und in der Welt geben. Unsere ersten Anstrengungen müssen darauf gerichtet sein, alle gesellschaftlichen Erscheinungen dieser blutigen Unterdrückung des Lebens für immer zu beseitigen.«

Der SPD-Politiker Andreas Schwarz stimmte 2014 im Bundestag als einer der wenigen Abgeordneten gegen die geplanten Diätenerhöhungen für Politiker.

Nazivergleich 1

»Ihr Faschisten« schrie die angreifende Person am Infostand der Grünen in München. Dann fegte sie sämtliches Infomaterial mit Gewalt auf den Boden.
»Sehr viele zerstörte Plakate hätten wir auch noch im Angebot.«, erzählt Sanne Kurz.

Sanne Kurz ist Sprecherin für Kultur und Medien der Grünen im Bayerischen Landtag und Mitglied im Ausschuss für Wissenschaft und Kunst, dazu ein Mitglied des Rundfunkrats.

Ein ungehörter Appell

Giovanni di Lorenzo, Chefredakteur von *Die Zeit*: »Ich stelle fest, dass die Auseinandersetzung auf allen Ebenen eine Tonlage erreicht hat, die einer zivilisierten Gesellschaft oft nicht mehr würdig ist.« Diese Tonlage nannte Maxi Schafroth in seiner Fastenpredigt am Nockherberg »Sound« und hielt den Derbleckten den Spiegel vor, indem er in seiner Rede diesen »Sound« kopierte. Am Ende richtete Schaffroth seine Frage direkt an das Politiker-Publikum, das vor ihm saß: »Wie wirkt das auf unser Miteinander und wollen wir das? Wollen wir Gezündel, wollen wir verbal hochrüsten, oder rüsten wir jetzt ab? Ihr habt das in der Hand. Ihr könnt sagen, ab morgen machen wir's anders.«
Man rüstete in der Politik nicht ab.
Der Direktor des Jagd- und Fischereimuseums und Vorsitzender der CSU im Münchner Stadtrat, Manuel Pretzl, bezeichnete die Starkbierrede so: wie »aus der NS-Zeit«.

Steffen Frühauf, Kriminalhauptkommissar
Ein Interview

Die Angriffe auf PolitikerInnen nehmen zu. Stimmt das?

Auch wir haben den Eindruck, als ob der Respekt vor Politikinnerinnen und Politikern tatsächlich abgenommen hat. Für uns bedeutet das, dass wir beispielsweise Erkenntnisse für mögliche Störungen sammeln und an die für den Schutz von politischen Veranstaltungen betrauten Polizeidienststellen übermitteln. Leider scheint es aktuell notwendig zu sein, zumindest bestimmte Veranstaltungen vor Angriffen bzw. Störungen von politischen Gegnern schützen zu müssen. Die Betreuung jedes Infostandes ist für die Polizei jedoch sicher nicht möglich.

Welche Rolle spielt bei den Angriffen das Internet?

Wir bekommen regelmäßig Vorgänge, bei denen Politiker, aktuell vor allem Bundespolitiker der Ampel-Koalition, meist über die Sozialen Medien, beleidigt werden. Es scheint, als lebten manche Menschen in ihrer Blase, in der sie sich gegenseitig zu feindseligem Verhalten aufstacheln müssten. Dass das Internet eben kein rechtsfreier Raum ist, muss sich wohl noch weiter herumsprechen. Die Strafbefehle für die von uns bearbeiteten Delikte beginnen übrigens bei etwa 2000 Euro, je nachdem, ob es sich um eine einzelne Tat handelt oder mehrere strafrechtlich bewährte Postings handelt.

Wissen die TäterInnen überhaupt um die Strafbarkeit?

Tatsächlich geben einige der Beschuldigten, mit denen wir zu tun haben, an, nicht gewusst zu haben, dass sie einen öffentlichen Social Media Account haben, der für jedermann einsehbar ist oder dass sie mehrere Hundert Kontakte haben, die alle ihre Posts sehen können. Einige denken auch, dass jeglicher Kommentar, und sei er noch so beleidigend oder hetzerisch, von der freien Meinungsäußerung abgedeckt ist. Ob sie sich das dann als Ausreden einfallen lassen oder tatsächlich so ist, kann ich Ihnen nicht sagen. Letztlich sollte jeder wissen, welche

Verhaltensregeln im Leben bestehen, auch im Internet. Übrigens gibt es auch Personen, die in unserer Gegenwart über Politiker herziehen und den Sinn des Ermittlungsverfahrens mit Sprüchen, wie »Hat die Polizei nichts anderes zu tun?« in Frage stellen.

Wer sind die TäterInnen, gibt es ein Profil?

Was Beleidigungen und Hetze betrifft, haben wir es oft mit Menschen zu tun, die ihrer allgemeinen Unzufriedenheit (Trennung des Partners, gesundheitliche Probleme, Beruf etc.) Luft verschaffen möchten. Meist sind es etwas ältere Leute, denen scheinbar die erforderliche Medienkompetenz fehlt. Ein tatsächliches Problem ist auch, dass den öffentlich-rechtlichen Medien seitens mancher Menschen nicht mehr getraut wird und diese sich dann »alternativ« informieren, beispielsweise über Telegram oder bestimmte Online-Portale. Dass hier massenweise fake news verbreitet werden, erkennen diese Leute dann oft gar nicht. Ich habe den Eindruck, dass manche Menschen, mit denen wir es hier zu tun haben, nicht mehr aus ihrer Filterblase herauskommen und dann eine gewisse Radikalisierung erfolgt.

Welche Wege gibt es für eine Anzeige?

Grundsätzlich stehen sämtliche Polizeidienststellen für alle Arten der Anzeigenerstattung zur Verfügung, einige Straftaten können auch online angezeigt werden. Ziemlich unkompliziert und auch von zu Hause in kurzer Zeit möglich, ist eine Meldung von augenscheinlich strafbarem Inhalt an die »Meldestelle REspect!« Von dort wird das BKA verständigt, das die für das Strafverfahren erforderlichen Informationen sichert und die für den Tatort zuständigen Polizeidienststellen mit den notwendigen Beweismitteln versorgt. Diese Art der Meldung hat sich aus meiner Sicht in einer Vielzahl von Fällen bewährt.

Steffen Frühauf, Leiter des Kommissariats für polizeilichen Staatsschutz bei der Kriminalpolizei, zuständig für die Landkreise südlich von München.

Donald

»Trumpisierung der Politik«. Von vielen wird dieser Ausdruck verwendet für die verbalen Entgleisungen von Hubert Aiwanger und anderen Politikern. Auch der Marburger Sozialpsychologe Prof. Dr. Ulrich Wagner weist auf die Aiwanger/Trump-Parallelen hin: »Die Gefahr, dass die öffentliche Diskussionskultur verschoben wird. Auf der anderen Seite ist es natürlich wieder ein Signal für Politiker, dass man sich einige Sachen erlauben kann und trotzdem im Amt bleibt. Das sieht man bei Aiwanger, aber eben auch bei Donald Trump.« Und »die Verteidigungsstrategie, sich als Opfer hinzustellen, ist vergleichbar.«

Donald Trumps Wahlkampfrede im April 2024 im heiß umkämpften US-Staat Michigan hatte den Titel: »Stoppt Bidens Blutbad an der Grenze.« Es geht um Trumps Lieblingsthema: die vermeintliche Kriminalität *aller Einwanderer*. Um Wählerstimmen zu ködern, scheut sich Trump nicht, in vulgärster Rassistensprache zu reden:

> »Die Demokraten sagen: »Bitte nennen Sie sie nicht Tiere, sie sind Menschen.« Ich sagte: »Nein, das sind keine Menschen, das sind keine Menschen, das sind Tiere.«

Michigan ist auch ein Zentrum der QAnon-Anhänger, eine antisemitische Verschwörungstheorie, die mit falschen Prophezeiungen und Endkampf-Gefasel in Donald Trump ihren Helden gefunden hat. In Deutschland wurde die Bewegung während der Corona-Pandemie durch Xavier Naidoo bekannt gemacht. Donald Trump kommuniziert mit seien QAnon-Fans durch Handzeichen, die alle verstehen. Er formt bei seinen Reden immer wieder mit den Fingern ein Oval – das Q. Und wird bejubelt.

Donald Trump, der mit Vorliebe die Fehler der anderen zitiert, hat gerade mit dem Gericht in Michigan zu tun. Sechzehn Mitgliedern seiner Republikanischen Partei droht eine Gefängnisstrafe. Sie sind angeklagt wegen Wahlfälschung und Verschwörung.
Nach der Präsidentenwahl im Jahr 2020 brauchte der Verlierer Donald Trump schnell zusätzliche Stimmen, egal woher. So haben sich die Angeklagten im Keller des Hauptquartiers der Republikanischen Partei getroffen und die nötigen Wahlleute-Zertifikate einfach gefälscht. Nun drohen insgesamt 224 Jahre Haft.

Haben die Kriminellen in den eigenen Reihen Donald Trump geschadet? Nein. Im Gegenteil.
Für die Seinen bleibt er der starke Mann.

Die Grünen von Donau-Ries im Europawahlkampf:
Am Büro von Bündnis 90/Die Grünen Donau-Ries wurden von außen Plakate im Stil der Partei befestigt.
Links: »Nazis bekämpfen mit allen Mitteln«.
Rechts: »Tod dem weißen, deutschen Mann«.
Eine rechtswidrige Fälschung, um die Partei in Misskredit zu bringen.
Die Partei hat den Vorfall angezeigt.
Quelle: www.mimikama.org

Hirschaid, Februar 2024

Es war die Jahreshauptversammlung der Grünen Bamberg-Land, friedlich und ehrenamtlich organisiert. Aber es waren die Wochen der Bauernproteste. Mit 60 Fahrzeugen drangen Demonstranten gegen die Grünen-Versammlung in Hirschaid ein und blockierten stundenlang die Hauptdurchgangsstraße. An den Fahrzeugen waren wie üblich selbst gemalte Plakate angebracht, darunter auch: »Lügenpresse – halt die Fresse«. Die Stadt war mit rechten Parolen und massiver Gewaltandrohung konfrontiert, aber »die Polizei war nicht mit ausreichenden Kräften vor Ort, um die Versammlung, aber insbesondere auch die Mitglieder der Grünen angemessen zu schützen und die unangemeldete Versammlung entsprechend zu behandeln.«, steht im Bericht. Die Veranstaltung musste nach zwei Stunden abgebrochen werden, in Absprache mit der Polizei.

»Immer wieder wurde aggressiv gegen die Scheiben gehauen, mit Strahllichtern reingeleuchtet und reingefilmt. Den größten Schock gab es, als es einen lauten Explosionsknall gab.« Nur unter massivem Polizeischutz konnten die Teilnehmer der Jahreshauptversammlung durch »den sichtlich aufgeheizten Mob von ca. 300 Leuten« in Sicherheit gebracht werden. Grüppchenweise. »Dabei kam es zu heftigsten Beleidigungen, Einschüchterungen und Drohungen gegenüber Grünen-Mitgliedern.«
Thomas Ochs, der Fraktionsvorsitzende der Grünen im Kreistag Bamberg forderte: »Wir erleben jetzt leider im Wochentakt, wie die ursprüngliche Idee der Landwirte, legitimen Protest zu äußern und auf die Straße zu tragen, aus dem Ruder läuft. Bauernverband und LSV sind hier klar in der Verantwortung, die

Kräfte, die sie entfesselt haben, einzufangen und zur Raison zu rufen.«

Anwohner, die nichts mit der Veranstaltung der Grünen zu tun hatten, waren extrem irritiert über die Eskalation, die enorme Lautstärke und das »unangemessene Verhalten« der Demonstranten auf der Straße. Sie berichteten von »pinkelnden Demoteilnehmern an der Kirche und an der ehemaligen Judenschule.«

Kommentar unter einem Video eines Grünen-Abgeordneten. »Alles für Deutschland« war die Losung der SA. Die Verwendung ist strafbar.

Rechts daneben ein winkendes Emoji-Männchen. Es winkt mit der rechten Hand. Die rechte Szene versteht den Code als »Hitlergruß« – für jeden sichtbar, aber nicht strafbar.

Landshuter Hochzeit

Das Historienspektakel, das traditionell die Innenstadt der niederbayerischen Hauptstadt lahmlegt, hat seine Wurzeln im Jahre 1475. Die Hochzeit von Herzog Georg dem Reichen von Bayern-Landshut mit der Prinzessin Hedwig wurde im Jahr 1905 als Erinnerungsspiel eingeführt und die Landshuter Bürger sind selbst die Hauptdarsteller. Seit 2018 ist das Spiel in das Verzeichnis des Immateriellen Unesco-Kulturerbes aufgenommen.
Beim Zug der »Förderer« durch Landshut sind Ehrengäste aus Politik und Gesellschaft auf die begehrten Tribünenplätze geladen. Neben der Landtagspräsidentin war 2023 auch Claudia Roth dabei. Sie ist die Kulturstaatsministerin der deutschen Bundesregierung.
Die Veranstaltung nähert sich dem Ende, da taucht aus dem Nichts eine Frau auf und übergießt Claudia Roth mit einer unbekannten Flüssigkeit. Es stellte sich zwar heraus, dass es sich nur um einen kräftigen Schwall Wasser gehandelt hat, aber der erste Schock ist tief. Die Gedanken der angegriffenen Person und der Zeugen sind in den ersten Momenten bei weitaus Schlimmeren. Die 58jährige Täterin wurde ausfindig gemacht und erhielt eine Anzeige:
Wegen Beleidigung.

Claudia Roth reagierte professionell:
»Angriffe gegen Politikerinnen und Politiker sind niemals legitimer Protest, sondern stehen immer außerhalb unseres demokratischen Grundkonsenses«, sagte sie danach.

Was gesagt werden darf

Wer in hoher Schlagzahl seine Kommentare auf ›X‹ (früher: *Twitter*) postet und dabei eine große Anhängerschaft findet, nennt sich Influencer – oder stellvertretender bayerischer Ministerpräsident. Seine Internet-Auftritte rufen aber nicht zu Toleranz, Vielfalt, Chancengleichheit und Offenheit auf, sondern polarisieren. Seine banalsten Schuldzuweisungen, simpelsten Schlussfolgerungen und unwahren Behauptungen finden ein großes, wohlwollendes Publikum. Wohin wird das führen? Beispiele:

> »Die #Gruenen in #Hessen werden
> aus der Regierung entfernt.«
> Hubert Aiwanger, 10.11.2023

> »Jeder sieht, dass D.(eutschland)
> heruntergewirtschaftet wird.«
> Hubert Aiwanger, 10.11.2023

> »Deutschland fällt zurück. Die Party ist bald vorbei,
> auch für diejenigen, die seit Jahren Sand ins
> Getriebe werfen und auf Kosten der Fleißigen leben.«
> Hubert Aiwanger, 4.8.2023

> »Rot-Grün ist schuld an der AfD, nicht die
> bürgerliche Mitte.«
> Hubert Aiwanger zum *Tagesspiegel* nach einer
> Demonstration in Berlin im Dezember 2023

»Diesmal haben sich die RotRotGrünen Kriminalitätsleugner verzockt. Dem Normalbürger Feuerwerk verbieten wollen und die Kriminellen schützen, indem jede Kritik als ›Rechts‹ oder ›Rassismus‹ abgestempelt wird, das geht der Mehrheit der Gesellschaft zu weit.«
Hubert Aiwanger am 4. Januar 2024
auf X (ehem. *Twitter*)

»Jaja, wenn die Grünen alleine regieren könnten, würde die Sonne Tag und Nacht scheinen, der Wolf würde mit den Lämmern spielen und der gebratene Spinat würde einem direkt in den Mund fliegen.«
Hubert Aiwanger am 28. Dezember 2022
auf X (ehem. *Twitter*)

»#Gruenen, gebt es doch endlich zu dass es Absicht ist. #Deindustialisierung« (sic!)
Hubert Aiwanger am 29.10.2022
auf X (ehem. *Twitter*)

»Die Mehrheit der Deutschen ist vernünftig, wurde aber in den letzten Jahren von einer lautstarken Minderheit eingeschüchtert und zum Schweigen gebracht.«
Hubert Aiwanger am 30.10.2022
auf X (ehem. *Twitter*)

Der »weg mit den Haustieren«-Fake

»Wir können alleine durch den Wegfall der Hunde in Deutschland ca. 19 Millionen Tonnen Kohlenstoffdioxid einsparen. Das entspricht fast so viel CO_2 wie man mit einem Auto bei 10 000 Erdumrundungen freisetzen würde – fast 10% des Straßenverkehrs. Dazu kommen noch Katzen, Pferde und viele weitere Tiere. Die private Tierhaltung muss daher ein Ende haben und wenn es durch eine CO_2-Steuer auf Haustiere erfolgt.«, sagt Annalena Baerbock (39).«

Das von Rechtschreibfehlern gespickte Zitat wurde im Frühjahr 2024 hunderttausendfach im Internet geteilt und abgeschrieben. Es war Wasser auf die Mühlen der Gegner der Ampel-Regierung.

Die Außenministerin Annalena Baerbock (Bündnis 90/Die Grünen) hat diese Sätze allerdings nie gesagt, auch nicht *so ähnlich*. Sondern: überhaupt nicht gesagt.

Doch Fakten und Dementis kommen im Internet immer zu spät.

»Fickt Euch, Ihr Arschlöcher! Fick dich!«
dazu zweimal der Stinkefinger

So begegnet ein Mann dem Grünen Landtagsabgeordneten Tim Pargent an einem Infostand an einem Supermarkt im September 2023.

Verstärkte Symbolkraft.
Neben vielen zerschnittenen Plakaten wurden einige auch direkt angezündet.

Satire

Das Ampel-Bashing hat längst die Bühnen von Kabarett und Comedy erreicht – und kommt gut an. Derbe Hiebe unter der Gürtellinie auf Scholz, Baerbock & Co. bekommen immer mehr Applaus. Im Satiremagazin *extra 3* der ARD lässt sich Christian Ehring aber davon nicht beeindrucken:

> »Der Optimist sagt: Das Glas ist halb voll.
> Der Pessimist sagt: Das Glas ist halb leer.
> Der Populist sagt: Die Grünen wollen uns die Gläser wegnehmen.«

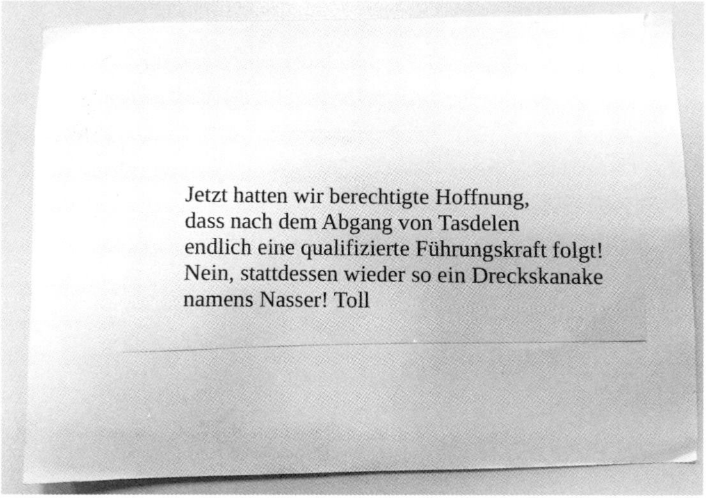

Eine Postkarte an Nasser Ahmed. Der stellvertretenden Generalsekretär der Bayern-SPD und Stadtrat in Nürnberg hat diese Postkarte im Februar 2023 erhalten. Er hat die Tat angezeigt und diese Anzeige bewusst publik gemacht, um gegen den Alltags-Rassismus ein Zeichen zu setzen.

Die Fälscher

Sie fälschen Sätze. Im Gegensatz zu denen, die heimlich falsche Geldscheine drucken, üben sie ihr Handwerk aber nicht im dunklen Keller aus, sondern am Rednerpult. Oder im Sessel bei Sandra Maischberger. Jeder soll es hören, was sie sich als Wahrheit ausgedacht haben. In diesem Fall ist es der bayerische Wissenschaftsminister Markus Blume. Sein Dienstherr Markus Söder hat es vor-getwittert: »Wir sind gegen Verbote von Fleisch und Wurst.« Er hätte auch sagen können: »Wir sind gegen einen Verkauf der Sonne an Coca-Cola.« Es ist genauso unwahr, wirr und wenig sinnstiftend. Bei Sandra Maischberger legt Blume nach: »Dieser ständige Versuch der Umerziehung. Also den Leuten vorschreiben zu wollen, was sie zu denken haben, was sie zu essen haben, wie sie sich fortzubewegen haben, also nur, wenn ich guter Bundesbürger bin, wenn ich in der Früh mit dem Lastenfahrrad losfahre, daheim die Wärmepumpe einbaue, weitgehend auf Fleisch verzichte.« Das würde er nicht sagen, wenn es nicht jemanden gäbe, der das Fleischverbot insgeheim schon vorbereitet, denkt sich der geneigte Fernsehzuschauer. – Doch. Er würde es sagen. Genauso. Und es ist völlig aus der Luft gegriffen. Eine gewollte Irreführung durch einen Staatsminister.

»Umerziehung« will keiner. Das bedeutet Zwangslager. Das machen nur Chinesen, Nazis und Kommunisten. Und jetzt eben anscheinend auch die Grünen.

Wie ist das dann mit dem bayerischen Liedgut, dem Essen, und den Grünen? Darf man die beliebten Brotzeit-Lieder wie »D'Sau hat an schweinern Kopf« oder »Heit gibt's a Rehragout« überhaupt noch singen? Oder winkt da Robert Habeck auch da schon die Verbotskeule? Wer macht sich in der CDU/CSU die Mühe, diese falschen »Fakten« zu erfinden? Hinterbänkler?

Es gibt viele Gründe über unseren Fleischkonsum zu sprechen. Am besten mit den Fakten in der Hand. Mitte des 19. Jahrhunderts gab eine durchschnittliche Kuh 1.000 Liter Milch im Jahr. Heute gibt es extra dafür gezüchtete Turbokühe, die liegen bei weit über 10.000 Liter Milch im Jahr. Aus Protest gegen die niedrigen Milchpreise haben bayerische Bauern im Jahr 2009 über 500.000 Liter Milch auf die Felder gegossen. Massentierhaltung, Geflügelpest, CO_2-Ausstoß und Bauernsterben – all das sind Themen, die seit Jahrzehnten nur halbherzig angepackt werden. Eine neue Studie der WHO belegt, dass 55% aller Treibhausgas-Emissionen in der Landwirtschaft von der Fleisch- und Milchherstellung stammen.
Aber anscheinend es ist einfacher, die Stimmen der Metzger, Bauern und Fleischliebhaber auf unseriöse Art und Weise einzufangen.

Mit knapp 60 kg verzehrtem Fleisch im Jahr liegt Deutschland nur im europaweiten Mittelfeld. Tendenz fallend. Auch bei den Nachbarn ändern sich die Ess-Gewohnheiten. Als im französischen Chevilly eine Lebensmittelfabrik schließen musste und auf demselben Gelände kurz danach eine Fleischersatz-Start-Up-Firma seine Produktion begann, kam der französische Wirtschaftsminister Bruno Le Maire zur Eröffnung. Die Firma beweise, dass »man wirtschaftliche Entwicklung, Klimaschutz und die Reduktion der CO_2-Emissionen verbinden kann.«, sagte er. Das ist die Zukunft. Und die Hinweise auf einen veränderten Fleischkonsum im Land haben sich keine Politiker ausgedacht, sondern Wissenschaftler. Die Deutsche Gesellschaft für Ernährung, die Weltkrebsagentur (Krebs hier: die Krankheit, nicht das Tier), die WHO, Public-Health-Forscher der LMU in München, und unzählige andere internationale Wissenschaftler kommen zu dem Schluss: Wir essen zuviel Fleisch. Und: Das macht uns krank – nicht immer und nicht jeden. Aber mehr Pflanzliches zu essen, ist der bessere Weg. Für Mensch und Natur.

Das will keiner hören. Auch der Autor dieses Artikels nicht (»Ich liebe Leberkässemmeln über alles.«). Übrigens: Der französische Wirtschaftsminister Bruno Le Maire ist ein geschätzter Mann und hat sogar – als Franzose – das deutsche Bundesverdienstkreuz erhalten. Aber er ist bloß ein Schriftsteller – und damit ein »Taugenichts« in der Politik. So formulierte es jedenfalls der stellvertretende bayerische Ministerpräsident.
Guten Appetit.

Mordversuch

Wegen Mordversuchs ermittelte die Polizei im Landkreis München in diesem Fall: Eine Stadträtin der Grünen fuhr mit ihrem Auto in die Arbeit und stellte ein außergewöhnliches Klappern fest. Aufgrund von Stau und hohem Verkehrsaufkommen musste sie die Strecke hin und zurück sehr langsam fahren. Das war ihr Glück. Bei der Untersuchung der Ursache der merkwürdigen Geräusche stellte sich abends heraus, dass sämtliche Schrauben an allen Rädern gelockert waren, und einige davon kurz vor dem Herausfallen waren.

Die Täter wurden nie gefunden.

Selber Schuld

Ein Mann wurde von der Polizei nachts auf der Straße hilflos aufgefunden und machte einen verwirrten Eindruck. Ich wurde als Notarzt hinzugezogen, ging auf den am Boden kauernden zu, beugte mich über ihn und fragte, ob ich helfen könne. Völlig unerwartet holte er mit seiner rechten Hand aus, ballte sie zur Faust und schlug mir mit voller Wucht in den Magen. Erst dann schrie er »Hau ab«. Selber schuld, ich hätte mich ihm viel vorsichtiger nähern sollen. Vielleicht war der Mann ja nicht nur verwirrt, sondern psychiatrisch erkrankt – Unschuldig.
Ein Patient hat eine junge Chirurgin in meiner Notaufnahme, die seine Platzwunde nähen wollte, zu Boden geworfen und ihr mit seinem Stiefel-Absatz die Knochen der rechten Mittelhand zertreten. Nur durch das beherzte Eingreifen eines Pflegers konnte der aggressive Patient abgedrängt und von weiteren Stiefeltritten gegen die am Boden liegende Ärztin abgehalten werden. Der Mann war betrunken und offenbar nicht in der Lage, die Situation zu beurteilen. Vermutlich hatte er sich von der Ärztin angegriffen gefühlt – Nicht schuldfähig.

Eine Patientin starb nach über einer Stunde frustraner Wiederbelebungsbemühungen in meiner Notaufnahme, nachdem sie in suizidaler Absicht von ihrem Balkon im fünften Stock gesprungen war. Ihr Ehemann, der seit Jahren von ihr getrennt lebt, kam einige Stunden später zu uns und bestand darauf, die Tote zu sehen. Die Polizei hatte die Leiche aber längst beschlagnahmt. Als wir ihm das so schonend und mitfühlend wie möglich erklärten, rannte er auf den Flur, begann wie wild zu brüllen, stellte sich vor zufällig anwesende Patienten und bedrohte diese lautstark mit dem Tod während er mit zwei Händen einen Würgegriff vor ihrem Gesicht demonstrierte. Als wir versuchten, ihn zu beruhigen und von den verschreckten Patienten wegzubringen schrie er meinen Oberarzt an: »Ich komme nachts, wenn Du ins Auto einsteigst und an nichts denkst, dann halte ich Dir die Pistole an den Kopf und...«. Er deutete mit Mittel- und Zeigefinger auf den Kopf des erblasst vor einem Patienten Stehenden, den Daumen wie einen Pistolen-Hahn gespannt. Dann sagte er »Peng! Da spritzt Dein Blut aus dem Kopf«. Dann trat er mit den Füßen die Glastür der Patientenschleuse ein, schritt laut johlend ins Freie und verschwand bevor die Polizei eintraf. Man muss verstehen, dass jemand bei all der Tragik die Beherrschung verliert wenn ihm verwehrt wird, an Ort und Stelle Abschied zu nehmen – Entschuldigt.

Gewaltandrohungen und -taten gegen Helfer und Rettungskräfte sind »normal« geworden, auch der Schutz davor. Der hat unbemerkt Einzug in unseren Alltag gehalten. Krankenhäuser engagieren Security-Türsteher wie früher nur Edel-Discos. Rote Alarmknöpfe, die man nur von Banken kannte, werden in Notaufnahmen installiert. Die Handlungsempfehlungen der Bayerischen Staatsregierung zur Vorgehensweise bei Terrorlagen sehen vor, dass sich die Rettungskräfte beim terrorverdächtigen Großschadensereignis nicht mehr abrufbereit auf einem festgelegten Platz sammeln sollen, sondern in einigen Kilometern Abstand um den Schadensort – immer in Bewegung – herumfahren, bis sie vor Ort benötigt und dorthin abgerufen werden. Es hat sich nämlich gezeigt, dass die

Sammelplätze der Rettungskräfte ein beliebtes Ziel für den zweiten Schlag der Terroristen sind.

Meine Schmerzen sind lang vergangen, ich erinnere mich nur noch im Traum an den unangenehmen Geruch des nach Urin stinkenden Herrn. Die Chirurgin wird wohl nie mehr so operieren können wie früher, hat aber sicher dazugelernt. Und mein Oberarzt... dass der sich vor dem Einsteigen in sein Auto fürchtet, wenn er nachts in die Tiefgararge unserer Klinik geht ist unwahrscheinlich, denn er fährt meistens mit dem Rad. Und zum Schluss: Terrorlagen sind selten.
Ärzte haben die Aufgabe stets nach der Ursache einer Erkrankung zu suchen. Nur wer die Ursache kennt, kann kausal therapieren und nur eine kausale Therapie kann Heilung bedeuten. So will ich festhalten, dass Übergriffe auf medizinisches Personal im Rahmen eines Hilfsversuchs vielleicht mehr geworden aber immer noch selten, dafür aber in der Regel gut erklärbar sind. An anderer Stelle nennt man das einfach Berufsrisiko.
Kein Wunder, dass das Mädchen vergewaltigt wurde, sie hätte sich doch weniger aufreizend kleiden sollen. Kein Wunder, dass die Krankenschwester ein blaues Auge abbekommen hat, sie hätte ja aufpassen können.
Dass man den Eindruck gewinnen muss, dass immer weniger Hemmungen bestehen, Helfern zu schaden, ist ein Epiphänomen unserer Gesellschaft. Wenn Fahrzeuge mit rotem Kreuz oder Halbmond im Krieg ebenso beschossen werden wie Krankenhäuser, dann sind doch die paar Beschimpfungen und Prügel für Sanitäter nicht schlimmer, als wenn jemand den Einsatzfahrzeugen in der Rettungsgasse hinterherfährt, um rascher vorwärtszukommen. Alles ganz normal so.

Wenn wir den Planeten herunterwirtschaften und diskutieren, ob unsere Kinder eine Grundsicherung brauchen, dann ist eine Sicherung für unwirtschaftliche Krankenhäuser und ein Schutz der Mitarbeiter gegen Übergriffe allenfalls wünschenswert, letztlich aber alles doch nur halb so schlimm.
Alle Staatsgewalt geht vom Volke aus. Die Gewalt gegen Hilfs- und Rettungskräfte geht folgerichtig von Patienten und Angehörigen aus, mit wem hätte man denn sonst beruflich zu tun. Logisch. Die Erklärung, der Täter habe frühkindliche Entbehrungen erlitten, er sei präpubertär missbraucht oder sein Hirn wäre durch Drogen weichgekocht worden, interessiert mich aber nicht. Es fehlt an Erziehung und Respekt. Wer hilflos ist, darf nicht weiter getreten werden. Wer hilft, darf nicht attackiert werden. Darf nicht! Das bedarf keiner Erklärung, das ist so … aber genau da fehlt's. Man sollte sich halt überlegen, wem man hilft aber genau das ist in der Ethik der Helfer nicht vorgesehen. Wir helfen allen, ohne Einschränkung. Also doch: Selber schuld.

Prof. Dr. med. Michael Reng
Chefarzt der Zentralen Notaufnahme am Klinikum Landshut

Das wilde Schreien des Herrn A.

Er brüllte in das Mikrofon: »Denen in Berlin sagen, ihr habts ja woi den Arsch offen.« Gerd Mannes, der stellvertretende Fraktionschef der AfD, lobte Hubert Aiwanger dafür, dass er eine gute Rede gehalten hätte.

Um was ging es nochmal? Um Frieden, Hunger in der Welt, Kinderarbeit, Antisemitismus? Es ging um eine Wärmepumpe. Lassen wir einen der größten deutschen Satiriker, Kurt Tucholsky, darauf antworten, der 1924 unter seinem Pseudonym *Ignaz Wrobel* schrieb:

> »Es gibt ein altes Gesetz: Je kleiner die Stationen
> sind, desto lauter werden die Namen ausgerufen.
> ›Lippoldswerder!‹ brüllen die Schaffner, achtmal.
> In Berlin ruft keiner. Es versteht sich von selbst.«

»In meinen Autoreifen werden regelmäßig
Schrauben versenkt – in den letzten acht Jahren
waren es sechs Schrauben.«

Ruth Müller, die Generalsekretärin der Bayern-SPD, erzählt, dass das auch nach der Veröffentlichung ihrer Äußerungen zu der *Flugblattaffäre*, sowie während der Proteste der Landwirte der Fall war.

»Zwischen Hass und Meinungsfreiheit«

Das war der Titel der *Münchner Runde* im Bayerischen Fernsehen am 6. März 2024. Mit dabei: Justizminister Georg Eisenreich, Prof. Ursula Münch, Jan Fleischhauer, Christian Springer und die Fraktionsvorsitzende der Grünen im Bayerischen Landtag Katharina Schulze. Zur Frage »Wie gehen wir miteinander um?« sagte sie:

> »Wir Politikerinnen und Politiker sind auch immer Vorbild. Das heißt, wenn gewisse Politiker das Playbook auch von Rechtspopulisten – gewollt oder ungewollt – übernehmen, indem sie an der Wahrheit sägen, die Wahrheit dehnen, falsche Informationen weitergeben, dann erodiert was in unserer Gesellschaft, nämlich, dass wir eigentlich anhand von Fakten diskutieren wollen.«

Die Sendung kann man auf YouTube im Internet ansehen und kommentieren. Jemand schreibt als *@petrabeyreuther1461*: »Unerträglich, Frau Schulze zuzuhören.«

»Bestürzung nach Angriff auf Grünen-Kandidaten in Amtzell«

Der SWR meldete im März 2024: »In der 4.000-Einwohnergemeinde Amtzell, Kreis Ravensburg, im württembergischen Allgäu wurde ein 38-Jähriger vergangenen Dienstag auf seinem Grundstück von einem Mann niedergeschlagen.«

Ein Politiker wird mit einem Faustschlag niedergestreckt. Der Grund: Weil er wenige Tage zuvor seine Kandidatur für die Grüne Liste bekannt gegeben hat.

Körperliche Gewalt erleben müssen, aufgrund des eigenen, politischen Engagements, ist eine ganz eigene und furchtbare Eskalationsstufe. Wovon jedoch niemand spricht: Welch eine furchtbare und prägende Erfahrung ist es zusätzlich, wenn Menschen, die dir Gewalt antun wollen, einfach direkt auf dein Grundstück marschieren? Was geht in einem Menschen vor, der einmal erlebt hat, dass das Heim, was immer mit Geborgenheit definiert wird, plötzlich auch keine Sicherheit mehr bietet? Welch ein Gefühl muss es sein, wenn man sich im eigenen Garten ab jetzt permanent prüfend in Richtung Gartentür umdreht? Die körperliche Gewalt ist das Mittel, mit denen Radikale versuchen, kurzfristig und effektiv Menschen dazu zu bewegen, ihr Engagement aufzugeben, sei es Gewalt gegen Kandidaten oder auch gegen Menschen, die Plakate aufhängen oder am Infostand stehen.
Die psychische Gewalt mit der Angst jedoch ist das Mittel, das langfristig Demokratien zersetzen und auffressen kann.

Feindbilder, Polizeischutz und Wissenschaftsleugnung

»Am Anfang war das Wort, und das Wort war bei Gott, und das Wort war Gott. Und das Wort ist Fleisch geworden.« Was Johannes in seinem Evangelium anfangs beschreibt, ist im Grunde der Schöpfungsakt, den wir als »Kinder Gottes« genauso manifestieren: Vom Gedanken zum Wort zur Tat. Unsere Gedanken und Gefühle werden zu Worten. Diese Worte »formen«, als In-Form-ationen unsere Welt, die letztlich geistigen Ursprungs ist. Wir formieren und erschaffen mit unseren Worten unsere Realität. Deshalb sollten wir mit unseren Worten so behutsam umgehen wie mit einem rohen Ei. Sie sind prägend. Sie beeinflussen unsere Debatten, wie wir sie führen, mit welcher Energie und Wortwahl.
So erklärt sich, wie die Rhetorik mancher rechtskonservativer Politiker:innen im letzten Landtagswahlkampf wirkte, und warum dieser Unmut gegenüber »der Ampel« aufkam und zu Morddrohungen gegen die Grünen und die Zerstörung von Wahlplakaten führte.

Das ist auch ein Ergebnis der Hetze gegen die Ampelregierung von Menschen wie Söder und Aiwanger auf politischer Seite und Zeitungen wie der BILD auf der medialen Seite. Am Stammtisch wird das Feindbild weiter geprägt: »Die da oben (Ministerpräsidenten) sagen's doch auch, also darf ich auch so schimpfen.« Verbale Gewalt schlägt in körperliche Gewalt um. Die Brutalität gegen den SPD-Kandidaten Matthias Ecke in Dresden und anderen Politiker:innen von SPD und Grünen ist dafür ein grausamer Beleg. Die Folge: viele Ehrenamtliche in

der Politik geben auf. Gerade auf kommunaler Ebene. Sie halten dieses Bashing nicht mehr aus.
Feindbilder gibt es im rechten und linken Spektrum. Sie legitimieren Gewalt: Die Rechtsaußen wie die AfD postulieren, dass Deutschland als Nation und Kultur untergeht und die Kontrolle verliert, was ein Notwehrrecht und damit Gewalt gegen Andersdenkende vermeintlich rechtfertigt. Linksaußen werden Protestwähler und Unzufriedene als Nazis abgestempelt und AfD-Stände angegriffen. Wehret den Anfängen! Die Parallelen zu den 1920er Jahren sind da.
Besonders alle, die sich auf ihre christlichen Wurzeln beziehen, sollten die christliche Botschaft der Hoffnung verbreiten und nicht das Gegenteil: den Leuten Angst einjagen, sie aufhetzen und verunsichern. Ich war schockiert, auf einem CSU-Wahlplakat bei uns im Dorf zum Heizungsgesetz zu lesen: »Lassen Sie sich nicht von der Ampel kalt stellen.«, verbunden mit Händen einer alten Frau auf einem Heizkörper. Sowohl Rhetorik als auch Symbolik machen den Leuten Angst – ja, sind sogar ein suggerierter Aufruf, dass Euch »die Ampel« töten will: Kaltstellen bedeutet jemanden ermorden.
Die CSU hat mit diesem Plakat über die Ampel unterstellt, dass den Bürger:innen ihre Existenz durch das Heizungsgesetz genommen würde. Was für eine Absurdität! Niemals wurde eine Heizungsart verboten – im Gegensatz zum neuen Sprachverbot in Bayern. Im ersten gemeinsamen Koalitionsvertrag von CSU und Freien Wählern von 2018 steht: »Verbotsdenken … lehnen wir ab. Leben und leben lassen. Wir schreiben niemandem vor, wie sie zu leben haben«. Mit dem Genderverbot wurde dieses Versprechen gebrochen. Ein Verbot, was völlig sinnfrei ist, weil sich Sprache immer verändert und verändern

wird und es auch eine Form von Respekt ist, alle Menschen anzusprechen, nicht nur Männer.
Gendern, Energie, Klima, Migration. Durch das Polarisieren wird ein Spalt in die Gesellschaft getrieben und der konstruktive Diskurs torpediert.
Vor Gott sind alle Menschen gleich. Warum nicht auch vor dem Gesetz?
Ich komme selbst aus der Landwirtschaft und habe ehemalige Studenten, die sich bei der Letzten Generation engagieren – aber wie ungleich beide Gruppen behandelt wurden, ist im Grunde ein Skandal: Haben Sie jemals ein Mitglied der Letzten Generation handgreiflich auf Polizisten losgehen sehen? Hat diese Gruppe den Straßenverkehr so behindert, dass es unmittelbar Tote und Verletzte gab wie im Umfeld der Bauernproteste? Und wurden Landwirt:innen vorsorglich nach Anti-Terror-Gesetzen wegen wiederholter Straßenblockaden in Gefängnisse weggesperrt und angeklagt?
Man fragt sich, wie es unseren Polizist:innen geht, die einerseits politisch getrieben die Anti-Terror-Gesetze anwenden müssen auf die Letzte Generation, obwohl diese nicht als terroristische Vereinigung eingestuft wird und auf die andererseits bei den Bauerprotesten eingeprügelt wurde?
Die Suizidrate unter Landwirt:innen ist erschreckend hoch und Menschen der Letzten Generation gehen in Hungerstreiks bis an den Tod. Beide Gruppen haben berechtigte Angst um ihre Existenz. Nehmen wir bitte beide Gruppen ernst und behandeln sie gleich vor dem Gesetz.
Auffällig ist auch, auf welche Großdemonstrationen sich unsere Volksvertreter unter die Menschen mischen und zu ihnen rufen: »Ihr seid das Volk!«.

München, im September 2019: Als Vertreter der »Scientists for Future« spreche ich auf dem Königsplatz vor etwa 60.000 Menschen auf der bisher größten Klimademonstration von Fridays For Future in Bayern. Kein einziger Vertreter der Regierung Bayerns war da, nicht mal der Bayerische Rundfunk hat die Reden aufgenommen. Ganz anders in Erding im Juni 2023 zum Heizungsgesetz: Zwei Ministerpräsidenten und Parteichefs sprechen vor 13.000 offenkundig überwiegend rechts gesinnten Menschen, die teils zurecht gegen das Heizungsgesetz protestiert haben.

Wo waren diese Volksvertreter, als die Mitte der Gesellschaft für das Klima und die Demokratie aufgestanden ist? Es werden zwar Bäume umarmt, aber das Klima nicht effektiv geschützt: Wir haben für Greenpeace ausgerechnet, dass Bayern bei Fortschreibung des aktuellen Trends erst in 230 Jahren klimaneutral ist, nicht in 16 Jahren wie es das Ziel der Landesregierung ist.

Als ich 2014 in der Bürger-Talkshow »Jetz red i« sagte, dass Windräder und Stromtrassen nötig seien, flog ich aus allen Ämtern und es gab keine Fördergelder mehr, weil ich der Staatskanzlei öffentlich widersprochen hatte. 2019 kam ich durch den Regierungswechsel in den bayerischen Energiebeirat, wo ich 8 Thesen an die Wand nagelte: unter anderem dass Wind- und Solarstrom der günstigste ist und wir ihn zur Standortsicherung brauchen. Es hagelte Hohn von Industrielobbyisten. Heute ist es die Industrie selbst, die den Ausbau fordert. Der Wind hat sich gedreht: Jetzt will auch die Regierung Windräder und Stromtrassen.

Hass, Hetze und Hohn sind auch mir begegnet: Reichsbürger kamen zu meinen Vorträgen zu Windkraft und wir wussten nicht, ob sie Waffen dabei haben. Es war die Zeit nach der Ermordung von Fritz von Weizäcker, einem Mediziner und Wis-

senschaftler in Berlin. Da habe ich Polizeischutz gebraucht. Anti-Windkraft-Verbände, die mich vor Gericht zerren, weil ich mit meinem Bestseller vor allem mit den Mythen der Energiewende aufräume. Das Gerichtsverfahren habe ich gewonnen. Kernkraftfanatiker, die mich auf der letzten Atomdemo in Landshut anbrüllten: »Wir haben keine Speicher«. Sie lagen falsch. Neben diesen Angriffen aus dem rechten Spektrum hatte ich auch einen aus dem Linken: Hauptstadt-Journalisten hatten mich als »fossilen Autolobbyisten« beschimpft, weil ich ein E-Fuels-Projekt in Namibia zur Herstellung von grünem Ammoniak für die Ernährungssicherung gelobt habe.
Auch im politischen Berlin geht es oft nicht mehr um Zahlen, Daten, Fakten, sondern darum, wer sich mit seinen Eigeninteressen – getarnt als Allgemeinwohl – am besten durchsetzen kann. Falschaussagen, Beleidigungen und bösartige Unterstellungen bis hin zur Infragestellung wissenschaftlicher Fakten sind nicht selten.
Solche handfesten Intrigen habe ich auch erlebt. Der Einsatz für Transparenz, Klarheit und die Offenlegung von Interessenkonflikten ist ein harter Kampf für eine offene, lebendige Demokratie und trifft in politischen Gremien selten auf Gegenliebe. Zu groß sind die Verlustängste und eigene Positionen, Macht, Einfluss, Gewinn. Auch der Kulturkampf um die Wärmepumpe, Atomkraftwerke, Verbrenner- und Elektroautos fallen darunter. Es scheint, als ob es nur noch Schwarz-Weiß gäbe. Dabei sind die Graustufen in der Demokratie essentiell.
Was bleibt? Die Leute sind vielfach überfordert mit den Krisen unserer Zeit. Wir können aus der Wissenschaft Lösungen anbieten, welche Politik und Medien gesellschaftlich – zum Wohle aller – vermitteln sollten. Und ein positives Bild unserer

Zukunft zeichnen, Hoffnung vermitteln, Mut machen, unsere Vorstellungskraft nutzen. Denn, wer keine Visionen hat, muss zum Arzt. Genauer zum Psychologen, weil dauerhaft Negatives und Überforderung depressiv macht.
Zahlen, Daten, Fakten sind die Grundlagen der Naturwissenschaften. Meinungen, Stimmungen, Mehrheiten sind die Grundlagen der Politik. Deutlich wird das am Beispiel einer Geschwindigkeitsbegrenzung: Wenn der Gemeinderat diskutiert, ob eher 70 oder 80 km/h passend sind, ist das ein menschengemachtes, juristisches Gesetz. Wenn es den Fahrer bei 110 km/h aus der Kurve haut, ein physikalisches Naturgesetz. Und aus der Wissenschaft stellen wir seit Jahrzehnten das Warnschild: »Bei 1,5 °C Erderwärmung haut es uns aus der Klimakurve raus«. Auch die Anzeichen der Verrohung der Gesellschaft liegen seit langem vor. Mein Wunsch: dass wir Graustufen zulassen, den Diskurs respektvoll und sachlich miteinander führen, und auch in Politik und Gesellschaft anerkennen: Naturgesetze sind nicht verhandelbar.

Wie wohltuend ist jüngst ein Beispiel im Landkreis Pfaffenhofen. Bei einer Bürgerversammlung zur Errichtung eines Bürgerwindparks waren ein paar Windkraftgegner störend in der ersten Reihe. Dann kam ein Ruf aus der Mitte: »Jetz' is a Ruah da vorn, Eure Zeit ist vorbei!«. Großer Applaus aus dem Publikum. Demokratie braucht keine Feindbilder, sondern eine Kraft des Gemeinsamen und wie in Pfaffenhofen Menschen mit Mut, denen andere folgen können.

Prof. Dr. Michael Sterner
Wissenschaftler, Bestsellerautor, Elektriker, Musiker, Christ

Nazivergleich 2

Links die Fälschung. Rechts das Original.

Katharina Schulze mit Hitlergruß. Als angebliches Titelbild vom SPIEGEL. Natürlich handelt es sich um eine Fälschung. Aber wer nur schnell mal am Handy einen Blick darauf wirft, wird es nicht entdecken. Und dann staunen, zweifeln – oder eben zustimmen. Veröffentlicht durch die Faktenchecker von www.mimikama.org

Es gab nicht nur Erding

Kurzer Blick zurück. Am Samstag, den 10. Juni 2023, ist Erding bei München nicht mehr erreichbar. Ein Strom von Autos versperrt alle Zufahrtswege. Die Kabarettistin Monika Gruber hat eine Kundgebung organisiert, die Botschaft ist kurz: Die Regierung in Berlin muss weg. Es sprechen Gruber, Aiwanger, Söder, sogar einer von der FDP, also ein Mitglied genau dieser Regierungspartei, die jetzt weg muss. Man zählt 13.000 Menschen vor der Bühne. In vorderster Reihe die AfD, die schlauerweise an diesem Tag auf ihre Symbole verzichtet. Man will ja zur sogenannten »schweigenden Mehrheit« gehören. Es genügt, dass andere da sind, die Schilder hochhalten, auf denen zur Ermordung von Regierungspolitikern aufgerufen wird. Aiwanger schreit in die Menge: »Du (Monika Gruber) bist unsere Heldin von Erding und Bayern, und Du wirst die Heldin von Deutschland sein.«

Ein halbes Jahr später das gleiche Muster, einhundert Kilometer entfernt von Erding. Wieder sind die Zufahrtsstraßen verstopft, wieder ist ein bayerischer Comedian der Veranstalter und Hauptredner, wieder lautet die Botschaft: Die Regierung in Berlin muss weg. Diesmal haben sich 11.000 Menschen versammelt. Politiker sollen diesmal nicht zu Wort kommen dürfen. Bis auf den Bürgermeister von Parkstetten, denn in seiner Gemeinde findet das Spektakel statt. Doch der ist bei der SPD und auf einem Auswärtstermin. Er kommt zu spät und kann sich nur noch bei den Feuerwehrmännern bedanken. Denn die haben aufgepasst, dass das riesige Feuer unter Kontrolle blieb. Das bayerische Feuerzeichen sollte bis Berlin zu sehen sein, zumindest symbolisch.

Am 14. Januar 2024 lud der »Addnfahrer« (*Addn*, Dialektwort für Traktor) Thomas Willibald nach Parkstetten, nördlich von Straubing, zum »Feuer der Gemeinschaft«. Um den riesigen Berg aus Brennholz versammelte man sich, um den Bauernprotesten seine Solidarität zu zeigen. Vordergründig sollte es auch hier wieder um die angeblich verlorenen Rechte der Mitte der Gesellschaft gehen.
Friedlich sollte es zugehen, darum war auch der Ausschank von Alkohol von den Veranstaltern verboten worden. Viele Besucher dachten tatsächlich, es geht um die Belange der bayerischen Landwirte. In Wahrheit war es ein Treffen von Rechtsradikalen, Demokratiefeinden und Coronaleugnern. Reichsflaggen wehten im Abendwind und ein Nebenbau war auffallend unauffällig in den Farben der AfD gehalten. Kein Hakenkreuz, keine AfD-Symbolik, es sollte doch nur ums bedrohte Volk gehen. »Wir sind doch keine Rechten«, dieses Märchen von der heilen Welt sollte nach außen hin erhalten bleiben.
Von der Bühne schwadronierte der »Addnfahrer« dann von seinem Vater, der beim BND sei. Er, der »Addnfahrer«, dürfe darüber ja nichts sagen, aber wenn jeder wüsste, was er weiß, dann »müsste man den Reichstag anzünden«. Denn die Regierungspolitiker »wollen die Heilpraktiker verbieten«, sie »wollen uns krankmachen« und »sie vergiften uns«. Der »Addnfahrer« ist den Tränen nahe in seiner Rede. Seine Zuhörerschaft ist tief ergriffen. Auswandern hätte er schon wollen. Aber jetzt gibt es vielleicht eine Rettung. Er sagt: »Wenn dieser Mann das schafft, ham wir gewonnen. Dann seh ich wieder eine Zukunft für unser Land. Der Mann heißt Dr. Markus Krall.« Für den »Addnfahrer« und seine Kumpanen ist Markus Krall ein Erlöser. Denn der wird aufräumen. Markus Krall plane, eine Partei zu gründen, er

möchte »50 bis 70 Prozent der Ministerien schließen«, um die Bürokratie abzubauen. Markus Kralls Partei wird die Einkommensteuer abschaffen und die Mehrwertsteuer, so der »Addnfahrer« – er wird jetzt erstmal nicht auswandern.

Hinter der Fassade des bayerischen Witzeerzählers »Addnfahrer« findet sich keine gerechte Weltgemeinschaft, sondern zutiefst braunes, antidemokratisches Gedankengut.
Krall bezeichnet das freiheitlich-demokratische System in der BRD als »Herrschaft der Minderwertigen«. Markus Kralls Spezl Thorsten Polleit schrieb: »Der demokratische (…) zerstört die produktive und kooperative soziale Ordnung. Die Demokratie (…) ist vielmehr selbst Quelle andauernder und sich verschärfender Missstände (…) bis hin zu moralischem und sittlichen Verfall. (…) und führt in die Entzivilisierung.«
Markus Krall war Hauptgeschäftsführer von Degussa Goldhandel, Polleit Chefökonom von Degussa Goldhandel. Trotz seiner Ansichten hatte Krall eine beachtliche Karriere hingelegt, er war Risikomanager bei der Allianz, der Boston Consulting Group, McKinsey und Roland Berger. Politisch pflegt er Umgang mit den Reichsbürgern, unterstützt die AfD (»da gibt es keine Brandmauer«, YouTube 2023) und ist Maaßens Sprachrohr der sogenannten Werte-Union. Im Frühjahr 2024 hat Markus Krall auf X 150.000 Follower. Er verneint den menschengemachten Klimawandel, ist gegen Schwangerschaftsabbrüche (»Verbrechen«), und fordert für jeden, der Wehrdienst geleistet hat, die Erlaubnis zum Tragen einer Waffe, lebenslang. Und er fordert eine Revolution zur »Rückeroberung der Freiheit« – frappierend ähnlich Hubert Aiwangers Formulierung in Erding.

»Addnfahrers« Aussage bei seinem Protestfeuer »wir sind doch nicht rechts« ist nicht nur dreist, sondern eine ausgewachsene Lüge.
Die rechtsextremen Kreise gehen noch weiter. Die beiden Brüder und Kranunternehmer Franz und Markus Huber aus Bad Feilnbach sind die Vorstände des Vereins »Hand in Hand für unser Land« mit dem Ziel, eine Million Menschen um sich zu scharen (derzeit ca. 700 Mitglieder). Sie sind die Veranstalter in Parkstetten. Im Internet betonen sie ausdrücklich, »dass wir eine klare Linie ziehen zwischen unserem Engagement« und »aktuellen politischen Auseinandersetzungen«. »Wir distanzieren uns ausdrücklich von Extremismus jeglicher Art«. Wie passt das zusammen mit »Addnfahrer« und Markus Krall?
Die oben erwähnte Degussa Goldhandel hat ihren Firmensitz in München. 2010 hat August von Finck junior die Namensrechte erworben. Es heißt, ohne die Geldzuschüsse aus der Degussa würde es die AfD nicht geben, aber die Spenden der Finck-Firma seinen unter Verletzung des deutschen Parteienrechts getätigt worden. Wenn es diese Partnerschaft Finck/AfD tatsächlich gegeben hat – und vieles spricht dafür – hat das einen gruseligen Beigeschmack. August von Finck senior saß seit 1933 im Generalrat der Wirtschaft und gehörte zu den größten Mäzenen der Hitler-Diktatur. Die Degussa ließ ihre Geschichte aufarbeiten: Arisierungen, Zwangsarbeiter, Verwertung von Zahngold jüdischer NS-Opfer und war Lieferant von Zyklon B an das Vernichtungslager Auschwitz. Aber ist Aufarbeitung schon eine Haltung?
Der Bürgermeister von Parkstetten sagte: »Was für ein Glück, dass ich zu spät gekommen bin. Ich wusste ja nicht, was da abgeht.«

Landkreis Freising, Landtagswahlkampf 2023

Wiederholt sich Geschichte?

2023 = 1923 und 2024 = 1924?
Diese Gleichungen sind falsch.

Die Ereignisse um den Aufstieg Hitlers und der NSDAP innerhalb der Weimarer Demokratie können aber als Warnung dienen. Die Umsetzung rechtsextremistischen Gedankenguts in reale Politik endet immer in der Katastrophe. Für alle!

Beispielhaft lassen wir Schriftsteller als Zeitzeugen zu Wort kommen:

> »In Deutschland wird das öffentliche Geschehen fast nie von der Logik bestimmt, sondern vom Gefühl.« (…)
> »Dieser *(National)*-Stolz ist eng verknüpft mit dem Hass der Deutschen rechts gegen die Deutschen links, und ohne diesen Hass wäre zu bezweifeln, dass er so wie jetzt, jedes Maß überschritten hätte.«
>
> Heinrich Mann in »Der Hass«, eine Essay-Sammlung aus dem Sommer 1933 im französischen Exil. Der Autor ist Opfer der Bücherverbrennung 1933.

»Die Bayern knurrten, sie wollten nicht in die Ferne schauen, und was lag ihnen an einem sinnvollerem Europa. Sie wollten leben wie bisher, breit, laut, in ihrem schönen Land, mit einem bisschen Kunst, einem bisschen Musik, mit Fleisch und Bier und Weibern und oft ein Fest und am Sonntag eine Rauferei. Sie waren zufrieden, wie es war. Die Zugereisten sollten sie in Ruhe lassen, die Schlawiner, die Saupreußen, die Affen, die geselchten.«

Lion Feuchtwanger in »Erfolg – Drei Jahre Geschichte einer Provinz«, erschienen 1930. Der Autor ist Opfer der Bücherverbrennung 1933.

»Geschichte wiederholt sich nicht, aber sie reimt sich«
Ein wahrer Satz, der dem US-amerikanischen Schriftsteller Mark Twain zugeschrieben wird (fälschlicherweise).

Das sagt man halt so

September 2023, wenige Wochen vor der Landtagswahl in Bayern. Der Infostand der SPD ist am Parkplatz eines Supermarktes aufgebaut. Die SPD-Generalsekretärin Ruth Müller sucht das Gespräch mit den Wählerinnen und Wählern.
»Plötzlich ist ein Mann auf mich zugekommen. Er geht direkt bis auf eine Distanz von circa 15 cm auf mich zu, bohrt mir den Zeigefinger in die Brust und sagt laut und deutlich:
›Solche Leute wie Sie gehören erschossen‹.
Als sie sich verbal ruhig verteidigt und ihm ankündigt, die Polizei zu rufen, antwortet er:
›Mei, was wollen Sie denn, das sagt man halt so.‹ «

Wirklich, sagt man das jetzt so?

Ein Reim.
Protest mit derben Worten und Luftballons:
»Rettet den Mittelstand,
jagt die Grünen asn (= aus dem) Land«.

»Ewige Liebe«

Jungs singen nicht so gerne. Außer sie sind im Fußballstadion oder angetrunken. Oder wenn es sich um total angesagte Party-Hits mit anzüglichem Inhalt handelt. Derzeit müssen sich mehrere Gerichte mit einem alten Liebeslied beschäftigen: »L'Amour Toujours«.

Der italienische DJ Gigi D'Agostino veröffentlichte seinen Partyschlager im Jahr 2001 als harmloses, aber gut tanzbares Liebeslied. Aber 2023 wurde von rechtsradikalen Partygängern ein rassistischer Text hinzugefügt, der das Lied zur Hass-Hymne machte, die sich über das Internet rasant verbreitete und ungezählte Nachahmer findet. Inzwischen kümmert sich der Staatsschutz darum.

Wo und wie und zu welchem Zweck es losging, liegt im Dunkel. Die Ermittlungen erfüllen das Klischee: Der Ursprung der widerwärtigen Umdichtung liegt im Osten. Auf einem Dorffest in Pasewalk in Vorpommern-Greifswald wurde ein Video gedreht. Man hört »L'Amour Toujours« und man sieht eine grölende Menge, die passend zu Melodie und Rhythmus die rechtsradikale Parole singt: »Ausländer raus, Deutschland den Deutschen, Ausländer raus!«

Das Video wurde auf der Kurzvideoplattform TikTok hochgeladen, die von jedem zweiten Jugendlichen zwischen 14 und 29 Jahren benutzt wird. Die Dämme waren gebrochen.

Auch in anderen Städten wird gefeiert, getrunken, gesungen – und gefilmt. Es scheint, als gäbe es keine Hemmungen, die rassistische Version von »L'Amour Toujours« mit dem eigenen Gesicht ins Netz zu stellen. In Hessen wird inzwischen an mehreren Orten ermittelt, darunter pikanterweise auch

in Rotenburg, im *Studienzentrum der Finanzverwaltung und Justiz*.
In Bayern wurde ein Fall in Greding dokumentiert. Nach dem AfD-Landesparteitag dort ging es in einer Diskothek weiter. Zwei Landtagsabgeordnete der AfD waren auch dabei. Natürlich haben sie von dem rassistischen Eklat »nichts« mitbekommen.
In der Gemeinde Aßling im Landkreis Ebersberg wurde für das Maibaumspektakel ein neues »Maibaumstüberl« gebaut. Dort passen die Burschen darauf auf, dass der Maibaum nicht von Burschen aus dem Nachbarort geklaut wird und teuer ausgelöst werden muss. An einem feuchtfröhlichen Samstagabend war es dann soweit und man grölte die Rechtsradikalenparole zum italienischen Schlager.
Der Vorfall wurde anonym angezeigt. Die Ermittlungen schleppen sich dahin, denn niemand hat davon etwas mitbekommen, denn »die Musik war so laut«. Deshalb kam auch niemand auf die Idee, das Lied abzustellen. Der Hausherr und Vorstand des Trachtenvereins sagt dazu: »Ich war entsetzt, als ich davon gehört habe.«, und betont, dass sicherlich keine Vereinsmitglieder zu den Tätern gehören.

Das Singen der Neonazi-Version des Liedes erfüllt den Tatbestand der Volksverhetzung und wird strafrechtlich geahndet. Den rechtsextremen Eingeweihten genügt schon die Kurzformel »L'Amour«, um sich auszutauschen. Denn »die Liebe« kann ja niemand verbieten. Die Verwendung von Chiffren gehört zur Standard-Kommunikation unter den Nazis. So wie die Zahlenfolge 444. Damit ist der vierte Buchstabe des Alphabets gemeint: DDD. Das bedeutet: *Deutschland den Deutschen*.
Jeder weiß es, niemand kanns bestrafen.

False Balance

Die Begriffe Diskurs, Debatte, öffentliche Meinung stehen hoch im Kurs. Viele Themen, viele Meinungen. Über die Medien erfahren wir, welche Meinungen es gibt, und wer an dieses glaubt und wer an jenes. Aber im Bezug auf die Verteilung der Anteile von Meinungen, Grundeinstellungen und Werten wird uns oft ein falsches Bild vermittelt, die *False Balance*. Eine Ausgewogenheit also, die es gar nicht gibt.
Ein Beispiel: Die Erde ist rund. Das ist wissenschaftlich bewiesen und mit einer kleinen Formel aus der Naturwissenschaft leicht zu belegen. ABER. Es gibt eine Gruppe von Menschen, die hat eine *Meinung* dazu. Und diese Meinung heißt: Die Erde ist eine Scheibe. Völliger Quatsch, und zum Glück glauben das sehr wenige. Aber Dank YouTube und anderer Social-Media-Kanäle verbreitet sich dieser Unsinn immer mehr. Von den 18- bis 24jährigen US-Amerikanern ist schon jeder dritte in den Bann der *Flat-Earth*-Theorie gezogen. Umfragen zufolge glauben 7 % der Brasilianer daran, dass die Erde eine Scheibe ist. Obwohl sie auf der Südhalbkugel leben, also gar nicht existieren dürften.
Der *Flat-Earth*-Glaube wächst.
Deshalb kommen die Medien ins Spiel und setzen eine Talkshow an. Dort sitzt dann 1 Wissenschaftler (mit dem Gegenbeweis in der Tasche) und 1 Gläubiger der Scheiben-Theorie. Der eine sagt dies, der andere jenes. Das ist False Balance!
Denn das Verhältnis 1:1 spiegelt die Realität der Debatte nicht wider. Das echte und richtige Verhältnis wäre: 99 Wissenschaftler und 1 Vollidiot. Das wäre die richtige Präsentation der Ausgewogenheit der Meinungen.

Wenn man jetzt »die Erde ist eine Scheibe« gegen »Das Heizungsgesetz ist gefährlich und muss gestoppt werden« und »die Erde ist eine Kugel« gegen »wir müssen schnellstmöglich etwas gegen den Klimawandel tun« tauscht, dann weiß jeder, was ich meine.

Das *False Balancing*-System lässt sich aber nochmal verschärfen. Beim sogenannten radikalisierten False Balancing wird die Mehrheits-Meinung sogar noch kleiner geredet, als sie tatsächlich ist und damit so gering dargestellt, als wäre sie die Minderheits-Meinung. Also sagt jetzt nur noch einer in der Sendung »die Erde ist eine Kugel«, während ihm zwei entgegnen »die Erde ist eine Scheibe«.

Das *False Balance*-System ist eine großartige Waffe für alle, die radikalisieren wollen, weil sie glauben, dass es ihnen selbst dient. Denn wer laut ist, wer draufhaut, immer wieder ein wenig über die Stränge schlägt, der ist dauerpräsent, weil er für Verkaufszahlen bei Zeitungen und für Klicks im Internet sorgt. Hass und Hetze lassen sich gut verkaufen. Natürlich wird sich jede und jeder, die oder der bereit wäre, sich zu radikalisieren – weil sie vielleicht politisch unentschlossen oder schlichtweg in einer Angstlüge gefangen sind – leichter überreden lassen, den »Dauerpräsenten« zu folgen. Denn die müssen ja recht haben, augenscheinlich sind sie ja in der Mehrheit.

Übrigens: Zu diesem Thema des *False Balancing*-Systems hat der Verein *Mimikama*, als Verein zur Aufklärung über Internetmissbrauch, eine Grafik erstellt. *False Balance* – gefährlich, weil verführerisch.

Schwere Bedrohung und Beleidigung

In [redacted] ing
Am [redacted] 2023

[redacted] Alle waren total überrascht.

[redacted] abends die Polizei. Aber dann ist ja schon zu spät. Die [redacted]

[redacted]

Man fragt sich: Wann kommt der wieder?

[redacted]

Zwei ehrenamtliche Helferinnen haben beschlossen, sich von der Mitarbeit zurückzuziehen. Sie haben Angst. Um sich, um die Familie.

[redacted]

Der geschwärzte Text steht symbolisch für die vielen bedrohten PolitikerInnen und deren HelferInnen, die sich aufgrund ihrer traumatisierenden Erlebnisse von der aktiven Arbeit in der Politik zurückgezogen haben. Die Nennung von Ort, Zeit und Details der Angriffe sollte anonymisiert werden, um nicht erneut als Zielobjekt gefunden zu werden.

Wir sind Menschen begegnet, die sich lange Zeit ehrenamtlich für ihre Werte bei den Grünen oder in der SPD eingesetzt haben und uns in der Entstehungsphase des Buches erklärt haben: »Es tut mir so leid. Aber ich will nicht mehr an diese Ereignisse erinnert werden.«

Die Wütenden haben die Demokratie besiegt.

Ein Meme – Was ist das?

Ausgesprochen wird es so: »Miem«.
Unter Meme versteht man ein lustiges Foto oder möglichst kurzes Video, das seinen Witz aus der Bearbeitung zieht. Beispielsweise ein Hundefoto und in der Sprechblase des Hundes steht: *Miau.*
Das ganze gibt es auch mit Niveau und politischem Inhalt.
Ziel und Zweck von Memes sind, dass sie sich möglichst weit und schnell im Internet verbreiten. Das funktioniert am besten mit Tabubrüchen oder sexualisierten und frauenfeindlichen Darstellungen. Die Urheber sind nie auszumachen.

Am 25. April 2024 auf *pinterest.de*. Was auf der politischen Ebene zum Beleidigungs-Alltag gehört, wird dort so angeboten: »Die besten (10) Bilder zum: Ricarda lang lustig. Lustige kostenlose Bilder, Memes, Videos und Sprüche. (...) Auf *DEBESTE*.« – Löschen? Nicht möglich.

Zustände wie im Alten Rom?

»Regt Euch nicht so auf! Gewalt gegen Politiker gab es schon immer.« Das stimmt. Aber kann das die Rechtfertigung sein für das flächendeckende Ausrasten in jetzigen Wahlkämpfen?

Der berühmteste politische Mord der Antike war die Ermordung Julius Cäsars. Im Jahr 44 vor Christus wurde er während einer Senatssitzung durch unzählige Dolchstiche getötet. Sein Mörder, der Konsul und *praetor urbanus* von *Gallia cisalpina* Marcus Brutus, war kein Einzeltäter. Es heißt, sechzig Personen seien an der Tat beteiligt gewesen, darunter viele Senatoren.
Die Tat galt als Tyrannenmord, die Mörder gingen straffrei aus. Aber bei den Begräbnisfeierlichkeiten geriet die Situation außer Kontrolle. Da der Diktator Caesar beim Volk überaus beliebt war, gingen sie auf die Straße, blockierten die Leichenfeier, überfielen caesarfeindliche Politiker und brachten die Leiche Caesars gewaltsam in ihre Hände. Roms Wutbürger errichteten einen improvisierten Scheiterhaufen und äscherten den bewunderten Tyrannen selbst ein. Bis heute gibt es keinen endgültigen Beweis für den Verbleib von Caesars Asche. Die berühmteste Verschwörungstheorie darüber besagt, dass sie in der Bronzekugel auf dem Obelisken vor dem Petersdom aufbewahrt wurde. Der Vatikan soll auch keine Probleme mit der Verehrung des einstigen Diktators gehabt haben, die Inschrift lautete: Caesar, Du warst so groß wie die Welt einst. Aber nun birgt dich ein winziges Grab.«

Neben dem brutalen Mord an Politikern, oft eigenhändig begangen durch konkurriende Familienmitglieder, existierte jeg-

liche Form von Beleidigung und Beschimpfung. Von *acheruntis pabulum* über *inanilogista* und *matella* bis hin zu *trifurcifer* ist die Masse an verleumderischen, spöttischen und obszönen römischen Schmähbegriffen fast unüberschaubar.
Invektiven hießen die beleidigenden Angriffe auf die Andersdenkenden. Es ist der römische Begriff für *Hate Speech*.
Diese Form der Auseinandersetzung war erlaubt. In der Volksversammlung des römischen Senats brüllten sich die Römerinnen und Römer ihre Seele aus dem Leib. Und die Senatoren mussten sämtliche Obszönitäten und Schimpftiraden über sich ergehen lassen – und durften nichts entgegnen. Gelernt hatte der römische Bürger sein Beschimpfungs-Vokabular auf der Straße. Aber die Politiker dienten nicht als anständiges Vorbild, sondern legten oft einen drauf: »Du Untier«, »Totengräber des Staates«, »Produkt eines Schweinestalls«, »für seinen fetten Bauch geboren« und ein *homullus ex argilla et luto fictus*, also eine »Missgeburt aus Dreck und Schwefel«. So – und noch wüster – beschimpfte der legendäre Redner Cicero den Konsul Lucius Calpurnius Piso.
Der Althistoriker Prof. Martin Jehne schlägt die Brücke in die Gegenwart: »Eine gewisse römische Robustheit im Umgang mit Schmähgemeinschaften wie AfD oder Pegida könnte helfen, den Aufregungspegel zu senken und sachlicher zu werden.« Und: »Heftige Abwertungen des politischen Gegners schweißten die Unterstützergruppe zusammen und sorgten für Aufmerksamkeit, Unterhaltung und Empörung.«

Doch wenn auch *matella* vor über 2.000 Jahren als hinzunehmende Spielart der politischen Debatte im Alten Rom verwendet wurde: Besteht denn eine Notwendigkeit, die politischen

Auseinandersetzungen genauso weiterzuführen? Brauchen wir nur ein dickeres Fell oder genügt etwas mehr Anstand? *Matella* als Schimpfwort bedeutet: Pisspot, Allerweltshure.

Unterhaching bei München. Am Infostand der Grünen wurde eine Landtagsabgeordnete vom Fahrrad aus angeschrien, sowie im Internet schwer beleidigt (u.a. »alle pädophil«). Wahlplakate wurden im großen Stil nahezu täglich abgerissen oder mit Hakenkreuzen beschmiert. Zur Anzeige gebracht wurde ein Schild an einem Traktor bei den sogenannten Bauernprotesten: »Politiker ohne Abschluss, frei zum Abschuss.«

quer

Das politisch-kritische Fernseh-Magazin *quer* läuft seit 1998 sehr erfolgreich im Bayerischen Fernsehen. Christoph Süß ist das Gesicht der Sendung. Parallel zur Sendung gibt es den Instagram-Auftritt von *quer*. Im Januar 2024 fragt *quer* im Zusammenhang mit den bayernweiten Demonstrationen »gegen Rechts« den Instagram-User:

»Wehret den Anfängen hat man wohl verpasst. Jetzt heißt es, kann sich die Demokratie noch wehren? Und wenn ja, wie?«

Knapp 450 Kommentare werden geschrieben. In fast allen »Negativkommentaren« finden sich Begriffe wie »Verbotspartei«, »Ideologie(getrieben)« und »keine Demokratie mehr«. Alles Schlagworte, die man in diesen Wochen oft aus dem Mund von Politikern des konservativen Lagers gehört hatte, wenn es um SPD und Grüne ging. Und an dieser Stelle offenbar einfach nachgeredet wurden.

Auszüge aus den Kommentaren:

> »Wenn Menschen für ihre Rechte kämpfen und ihre
> Meinung sagen, werden sie als Nazi abgestempelt.
> Auch von quer#«

> »Hach ja … Eure Lügen kommen alle raus. Und ja
> 12 Millionen Menschen wählen die AfD und es werden
> täglich mehr, da ihr die Antidemokraten selbst seid.«

»Das einzige, was Politik hierzu einfällt, ist über Verbote nachzudenken. Das alles hat nichts mehr mit Demokratie zu tun.«

»Das Linksgrüne Ideologieprojekt hat ausgedient, kommen wir wieder zur Vernunft und werden konservativ.«

»Erleben wir in unserer aktuellen Verbotspolitik überhaupt noch Demokratie?«

»Sorry, aber welche Demokratie. In Deutschland wird Politik nur noch aus rein ideologischen Gründen an den Menschen, deren Ängste und Sorgen ignoriert werden, vorbei gemacht. Dann wundert man sich, dass die Menschen Alternativen suchen.«

»Wie wäre es denn mit Neuwahlen? Die scheuen unsere Demokrat*innen gerade wie der Teufel das Weihwasser 😁🌚«

»Wird der Bürger unbequem ist er plötzlich rechtsextrem 🤭🤡«

»Wehret den Anfängen hat man verpasst und dann kam noch die Ampel. Damit hatte man es dann endgültig verschissen.«

Drei Wochen stand das Plakat an der Straße.
Nachdem eine Strafanzeige gestellt wurde, wurde es entfernt.

Ist »das Land« anfälliger? Ein Rückblick

Aus einem Zeitungsbericht aus den 20er Jahren: »Es ist klar, dass alles nach Hitler schreit und es wird behauptet, dass er durch Reden auf dem Lande mehr Anhänger für sich gewinnen könnte, als durch die dauernde Bearbeitung von München. Richtig ist, dass das Land trotz gegnerischer Propaganda reif für den Nationalsozialismus ist, doch bedarf es noch intensiverer Bearbeitung. (...) Mehrzahl der Bauern lässt sich die Bahnfahrt schon kosten, um Hitler zu hören.«

Land und Stadt – Kampf der Giganten

Manchmal fühlt es sich ein bisschen an wie vor zweihundert Jahren. Die Bauern und der Adel. Diejenigen, die mit Klamotten braun von Dreck und Futtereimer in der Hand aus dem Stall kommen und die, die mit weißem Rock aus der Kutsche steigen. Was natürlich völliger Quatsch ist, Märchen und Ritterroman.

Alles nur so ein Gefühl, das mit diesem Stadt-Land-Gefälle? Oder ist was dran? Hier Indigene. Und dort die Gentlemen, die ab und zu bei uns vorbeischauen. Dass es dieses Gefälle doch gibt, zeigen die Wahlergebnisse. Ganz beeindruckend sind da farbige »Wahlgewinner-Landkarten«. Ein einzelner grüner oder roter Punkt, inmitten von rein schwarzen und inzwischen auch blauen Flächen (AfD).
Dann kam 2024: Die sogenannten *Bauern-Proteste*. Da hat man es wieder stark gefühlt. Es war »hier« am Land kaum möglich, ein kritisches Wort darüber zu verlieren. Weil die Wahrscheinlichkeit doch groß war, dass das Gegenüber selbst beteiligt, oder zumindest Sympathisant ist.
Man kennt halt viele Bauern, aber man muss die Sichtweise vielleicht mal umdrehen. Man kennt „am Land“ viele Bauern – logischerweise, weil die Bewirtschaftung von Feldern und das Halten von großen Mengen Nutzvieh sinnvoller ist in diesen Gegenden, in denen es Freiflächen gibt – und nicht am Münchner Marienplatz. »Am Land« sind die Bauern, weil sie dort arbeiten können. Das heißt aber nicht, dass das »Land« aus lauter Bauern besteht. Und es dort nur eine Meinung gibt.

Die Stadt-Land-Diskussion vereinfacht und reduziert die Realität auf Klischees. Die Coolen und Hippies in der Stadt, die langweiligen Konservativen auf dem Land? »Die fühlen sich halt abgehängt, da ist ja alles schlecht. Netzausbau, junge Leute wandern ab, keine nahen Einkaufsmöglichkeiten und für alles braucht man ein Auto.« So oder so ähnlich hat es fast jeder »vom Land« schon von »einem aus der Stadt« gehört. Und ja, vielleicht ist der Gummistiefel-Verkauf am Land erfolgreicher als in der Stadt. Aber: Die hoch technologisierten Einfamilienhäuser und Ställe stehen am Land, nicht in der Großstadt. Weder der Vierseithof der Großeltern, noch das Reihenhaus in der sogenannten »Neubausiedlung« brauchen eine Wassermühle oder Kerzenlicht. Und wenn es eine Wassermühle gibt, ist sie nachhaltig, denkmalgeschützt und hat ein paar Millionen Euro in der Wiederherstellung verschlungen. Und die größeren Reggae-Festivals sind auch – auf dem Land.

Doch trotzdem ist man so weit weg voneinander. Und trotzdem sind die Konservativen Positionen ganz unbestritten am Land so viel stärker vertreten als in der Stadt. Und noch etwas Entscheidendes: Am Land bist Du nie allein. Nie unbeobachtet. Nie unbekannt. Dein Onkel sitzt am Stammtisch mit dem Nachbarn, deine Mama trifft im Verein immer »die vom Einkaufsladen«, und deine Oma hat früher mal auf dem großen Hof am anderen Ortsende gearbeitet. Klischee, aber realistisch.

Deshalb ist die Stadt so begehrt, bei den Jungen vom Land.

Da kannst du mit völlig unbekannten Menschen in einem Haus leben, die sich nicht dafür interessieren, ob du ein- oder ausziehst, ob du krank, tot oder ein Genie bist.

Wenn du nicht auf Veränderungen stehst, dann gehst du nicht in die Stadt, sondern heiratest deinen Schulkameraden aus der dritten Klasse, der inzwischen Fußballtrainer am Ort ist. Und wenn du dich politisch engagieren willst – immer bedacht auf Null-Veränderung – fängt sie dich auf: die CSU.

Stadt- und Landmensch könnten sich leicht aus dem Weg gehen. Woher dann diese Feindschaft? Der Groll aufeinander, den man überspitzen kann bis zu den Bauern, die mit Fackeln bewaffnet, die Paläste der Adligen stürmten. Das alte Klischee von der hart arbeitenden Landbevölkerung und den gut situierten und vornehmen Städtern.
Ich mag das nicht glauben, dass man es sich so einfach macht, dass man sich einfach ein Feindbild schafft, und wider besseres Wissen ein altes Klischee ausgräbt.
Das tun nur die, die genau wissen, dass Feindbilder eben verbinden.
Damit es auch jeden einfängt, bedient man sich des banalsten Auslösers für Differenzen, Hass und Ausgrenzung. Der Drohung mit dem Wohlstandsverlust. Der Angst vor Verarmung.
Die Angst, seinen Lebensstandard oder gar sein Eigentum zu verlieren, ist am Land womöglich noch viel größer als in der Großstadt. Am Land hat jeder ein Auto, der dem Kleinkindalter entwachsen ist. Das geht nicht anders, wenn die Busse nur alle Stunde zum 15 Kilometer entfernten Bahnhof fahren. Zum Nachbarort, in dem man vielleicht arbeitet, fährt meistens gar kein Bus. Ein Leichtes ist es, den Leuten damit Angst zu machen, dass sie sich diese vier großen Autos im Hof künftig nicht mehr leisten können, weil irgendeiner aus der Hauptstadt will, dass wir *autofrei* werden. Neben den Autos steht

das Einfamilienhaus mit Garten. Im ländlichen Bereich zeigt meine eigene Erfahrung, dass früher sehr viele große Häuser gebaut wurden, 250 m^2 Wohnfläche sind da durchaus drin und ich rede hier nicht von 500 Jahre alten Vierseithöfen, sondern von Häusern, die erst 30 alt sind. Oft bauen die Kinder alle separat nochmal ein Haus. Das ist immer noch so, weil in vielen Familien die Grundstücke schon in Familienbesitz sind. Klar, auch das wird sich ändern, es wird auf Dauer nicht genügend Flächen geben und einige können sich das Hausbauen dann doch nicht mehr leisten, aber es ist noch nicht soweit.
Die Angstpolitik funktioniert wie von selbst. Die Vorstellung vom Verlust des selbst erwirtschafteten Eigentums (und dabei ist egal, ob tatsächlich von einem selbst oder von den Urur-Großeltern) verursacht regelrechte Panik. Gerade, wenn parallel (nachweislich falsche!) Gerüchte gestreut werden, dass der Staat den Menschen, die auf der Flucht von Krieg und Not zu uns kommen, Eigentum schenkt. Diese Lüge zieht in den sozialen Medien seit Jahren immer und immer wieder ihre Kreise. Und sie wirkt.

Angst radikalisiert. Manchmal lähmt sie. Aber manchmal lässt sie einen auch vorschnell und unüberlegt handeln.
Und wer propagiert diese Angst und haut die Halbwahrheiten nur so raus? Die konservativen Parteien. CSU und Freie Wähler. »Mit immer weniger Arbeit werden wir unseren #Wohlstand nicht halten. Mit einer 4-Tage-Woche und immer mehr Teilzeit und Homeoffice wird es nicht gehen. …« so Markus Söder im März 2024 auf Instagram. Sondern? Mit einer überalterten Gesellschaft, die sich auf viel zu wenige Junge stützen muss, weil man viele aus der Fremde nicht arbeiten lässt. Das wird

nicht funktionieren. Wir sind gespannt, wem dann wieder die Schuld in die Schuhe geschoben wird.

Wir ahnen es …

Kerstin Schweiger

Der Osten

»Wer sich engagiert, muss immer häufiger mit Übergriffen rechnen«, titelt die Süddeutsche Zeitung im Mai 2024. Bei den Angriffen auf PolitikerInnen handelt es sich häufig nicht um die Taten eines Einzeltäters, sondern um organisierte Gewalt. Besonders betroffen sind die Bundesländer Sachsen, Thüringen und Brandenburg, weil dort im Jahr 2024 neben der Europawahl auch Kommunal- und Landtagswahlen stattfinden. Aber schon 2019 sind in Sachsen 110 Bürgermeister und andere Amtsträger angegriffen worden. Die Zahl stieg stetig an: 2023 waren es über 300 Angriffe. In Thüringen stieg die Zahl der Gewalttaten seit 2018 um das Achtfache. Die SPD forderte ihre Mitglieder auf, in der Nacht keine Plakate mehr zu kleben. Die Grünen empfahlen, mindestens zu dritt die Infostände zu besetzen.

Nazivergleich 3

Der Aufkleber kostet auf »*rock-o-rama.net*« nur 1 Euro und wird mit folgendem Text beworben: »Vollfarbiger PVC-Aufkleber mit dem Durchmesser 9,5 cm, Offsetdruck, selbstklebend, wetterfest, mit der Aussage ›Ökofaschismus? Nein danke!‹. Macht sich prima am Auto, Motorrad, Mofa, Fahrrad, Haustür, dem eigenen Briefkasten, Rucksack, Schulranzen, Laptop oder anderen öffentlich einsehbaren Flächen mit persönlichem Bezug. Motiv und Aussage treiben Gutmenschen und ihre Büttel mit Sicherheit zur Weißglut. Ein Muss für jeden, der seine Meinung kundtun möchte und sich nicht scheut, politische Statements zu machen. Der Aufkleber eignet sich auch als Geschenk für Freunde und Familie. Bestellen Sie jetzt und zeigen Sie Ihre Haltung!«

Zorn auf die Bürokraten

Gegen die Ampel-Parteien fahren Tausende von Traktoren auf die Straße. Zum Teil harmlos, zum Teil aggressiv, zum Teil ahnungslos, zum Teil mit rechtsnationalen Netzwerken verbandelt. Die Aufschriften auf den befestigten Tafeln sprechen eine deutliche Sprache. Die Bürokratie sei »menschenverachtend«, gefährdet »unseren Wohlstand« und treibt »unsere Familien in den Ruin«.

Die bayerische Staatsregierung bemüht sich, mit den Protestierern mitzuhalten und fordert massiven Abbau der Bürokratie in der EU und in Berlin. In der Heimat nimmt man es damit nicht so genau. Beispielsweise wenn es um Geflüchtete aus der Ukraine geht. Die sozialpolitische Sprecherin von Bündnis 90/Die Grünen im Landtag erklärt: »Die Entscheidung *(der Söder-Regierung)*, Bundesmittel monatelang zurückzuhalten, schadet nicht nur den Geflüchteten, sondern auch den Kommunen, deren finanzielle Mittel knapp sind (…). Die Staatsregierung gefährdet damit den sozialen Zusammenhalt.«

Wie kam es dazu? Die Mittel werden durch unnötige Bürokratie zurückgehalten. Denn die Staatsregierung verteidigt ihr Verhalten damit, dass es keine »landesrechtliche Regelung zur Weiterleitung« der Gelder an die kreisfreien Gemeinden und Landkreise gäbe.

Das heißt übersetzt: Wir machen nix, solange kein Paragraf dafür da ist.

Dem ist anzufügen, dass die Weitergabe der Gelder aus Berlin in den meisten Bundesländern problemlos läuft. In Bayern allerdings warten die Kommunen auf die längst freigegebenen

Finanzierungsmittel bis heute. Die Forderung nach Abbau der bürokratischen Hürden sollte nicht alleine den Bauernstand betreffen, sondern vor allem den sozial Schwächeren helfen.

Wer ein Meister in seinem Handwerk werden will, hat besonders mit Bürokratie zu kämpfen. Johann Steube erzählt von den bürokratischen Hürden:

> »Die ganze Prozedur des Meisterwerdens machte mir einen Aufwand von 100 Gülden bares Geld, und wozu nutzet solche? Zu nichts! Im Gegenteil, sie schadet jungen Anfängern unendlich; denn mancher muss schon borgen, um die zum Meisterwerden erforderliche Summe aufzubringen; sind sie es nun, so haben sie sich vom Gelde entblösst, und nichts in Händen, ihre Profession mit Vorteil treiben zu können.«
>
> Und über sein Meisterstück:
>
> »... musste ich 5 Thaler für die nicht gehaltene Muthzeit bezahlen. Nachdem auch dieser Punkt berichtigt war, erhielt ich die Erlaubnis, mir am Meisterstücke die Glieder zu verrenken: denn ich sollte zwei Stiefeln machen, die zu unsern Zeiten beynah für das ganze Menschengeschlecht unbrauchbar sind.«

Es steht außer Frage, dass die Bürokratie hinderlich ist und es oft zu lange dauert, bis neue, einfachere Wege gefunden sind. Dennoch: Bürokratie ist keine Erfindung der EU oder der Ampel-Regierung.
Johann Steube wurde zum Meister: im Jahr 1780.

Warum dieser Hass?

Der Psychologe und Autor des Bestellers »Wie tickt Deutschland«, Stephan Grünewald, erklärt im Interview mit dem evangelischen Magazin »chrismon« (April 2024), warum der Hass immer größer wird:

> »80 Prozent der Menschen beklagen, dass das Wir-Gefühl verloren gegangen ist. Aber gleichzeitig beobachten wir, dass die Menschen sich immer stärker in ihren sozialen Bollwerken verschanzen und alle aussortieren, die anderer Meinung sind. Das führt dazu, dass wir immer weniger tolerant und anschlussfähig werden.«

Angst vor Veränderung
»Das kindische Europa! Es glaubt, der Mensch im Smoking lasse sich retten, wenn man den Smoking nur fest hält. Um ihn nicht aus der Hand zu lassen, opfert es die Menschheit«.
Der Wiener Satiriker Anton Kuh im Jahr 1931

Aufwendig mehrfarbig besprüht.
Zusmarshausen. Die Botschaft ist eindeutig.

Die Pflicht des Politikers einzuschreiten – oder auch nicht

> »Natürlich ist der Mensch nicht dazu verpflichtet, sich der Beseitigung von Unrecht zu widmen, und sei dies noch so eklatant; er darf getrost auch andere Belange verfolgen, seiner Redlichkeit tut dies keinen Abtrag. Zum mindesten aber sollte er erstreben, mit dem Unrecht nichts zu tun zu haben; und wenn er schon keinen Gedanken daran verschwenden will, sollte er es wenigstens nicht aktiv unterstützen.«

Diese Zeilen stammen aus der Feder eines Absolventen der weltberühmten Harvard Universität: Henry David Thoreau. »The Rights and Duties of the Individual in the Relation to Government" lautete der Titel eines Vortrags, den er am 26. Januar 1848 in Concord, Massachusetts hielt. Daraus entstand ein Jahr später seine Schrift »Ziviler Ungehorsam«.
Dieser Essay Thoreaus beeinflusste Martin Buber, Mahatma Ghandi, Martin Luther King und viele andere Denker und Aktivisten.

Rechte Jugend

Europawahl 2024. Bei Drucklegung des Buches war noch nicht klar, wie die Jugend in Deutschland gewählt hat. Die Vorzeichen waren nicht gut. Viele Schulen probten Monate vorher für den ersten Wahlgang der 16jährigen und meldeten, dass eine 20 oder 30prozentige Zustimmung für die AfD zu befürchten sei. Die rechtsextreme Gefährdung der Jugend war abzusehen, aber man hat viel zu wenig dagegen unternommen. Über den beliebtesten Spielplatz der Jugend, nämlich das Internet, hatten die rechten und rechtsextremen Bewegungen längst die Oberhand.

Die Problematik ist nicht neu. Im Jahr 1977 wurde der bayerischen Staatsregierung vorgeworfen, sie nehme die demokratiefeindlichen Entwicklungen der Jugend nicht zur Kenntnis und verharmlose sie. Rechtsradikale Jugendorganisationen hatten über 20.000 Mitglieder, Tendenz steigend. Rechtsradikale Zeitungen, Bücher und Zeitschriften wurden immer beliebter. 48% der Jugendlichen in Bayern hatten nichts gegen einen Diktator.
Die bayerischen Jugendlichen belegten damals den letzten Platz ihrer Sympathieskala nicht mit Hitler, sondern mit Ulrike Meinhof. Das »Krümelmonster« aus der Sesamstraße stand in der Beliebtheitsliste weit vor Bundeskanzler Helmut Schmidt. Kultusminister Hans Maier sah in der Entwicklung »nicht den geringsten Anlass« zu handeln. Der bayerische Innenminister Bruno Merk analysierte: Viele der rechtsextremen Jugendlichen sind nur »irregleitete Romantiker«. Mehr Verharmlosung geht nicht.

SPD in Eching (Kreis Freising):
»Von unseren zehn Dreiecks-Plakatständern wurden zwei total demoliert und weitere drei beschmiert mit Hakenkreuzen und rechten Parolen. Verbale grobe Beschimpfungen gab es häufig, allerdings ohne direkte Bedrohungen im Stile von ›Euch sollte man Aufknüpfen‹ oder ähnlichem.«

Die Grenze des Sagbaren…

Ganz lange schon, sprechen wir darüber, dass sich »die Grenzen des Sagbaren immer weiter verschieben«. Und irgendwie war das immer ein bisschen komisch, wenn man darüber gesprochen hat, denn – man darf hier doch alles sagen?
Ja richtig. In einem Land, in dem die Freiheit zur Meinungsäußerung gesetzlich verankert ist und damit so gut geschützt ist, dass uns anderswo viele Menschen darum beneiden, darf man grundsätzlich erstmal »alles sagen«. Dieses »Alles« ist glücklicherweise gebettet in einen gesetzlichen Rahmen, der logischerweise andere Personen schützen soll: vor Verletzung, vor Bedrohung, vor Herabsetzung. Und neben dem gesetzlichen Rahmen gibt es da noch einen zweiten Rahmen, denn dieses »alles darf gesagt werden« trägt sich außerdem über Moral, und – man möchte fast hoffen – über Anstand. Aber Hoffnung macht keine Gesetze. Und Sprache ist ein einzigartiges Mittel.
Schon Kurt Tucholsky brachte auf den Punkt: »Sprache ist eine Waffe.«

Das schwierigste an dieser »Verschiebung der Grenze des Sagbaren« ist die Tatsache, dass diese Grenze des Sagbaren kein Stacheldrahtzaun ist, sondern höchstens eine verschwommene Linie. Ein nebliger Bereich, in dem sich einige noch relativ unbedarft bewegen, während für andere dort schon lange Schluss ist. Dort gibt es für viele schon längst eine Anstandsgrenze, während andere dort erstmal richtig Schwung holen, um direkt wieder in die alte Nazisprache abzugleiten und vom »Bio-Deutschen« sprechen, wie der AfD Stadtrat Rainer Ecker bei einer Sitzung in Landshut. Beim ersten »Bio-Deutsch«-Spruch sind

die Menschen noch schockiert, einige werden aufstehen und den Saal demonstrativ verlassen, beim zweiten und dritten Mal wird das schon weniger. Man hat das ja dann schon mal gehört, man ist nicht mehr ganz so entsetzt und – meine Güte – was soll er mit diesem Gelaber schon anrichten? Beim vierten und fünften Mal ist die Gleichgültigkeit im Umfeld da.
Die Gleichgültigkeit ist aber nur die eine Seite des einsetzenden Effekts, gefährlicher als sie ist die Radikalität. Der wird bei »Verschiebung der Grenzen alles Sagbaren« die Tür sperrangelweit geöffnet. Denn die Radikalität wird nach dem fünften oder sechsten alten Nazi-Begriff nicht sagen: »Was soll der schon bewirken, mit seiner Hetzerei, das kennen wir ja alles schon.« Nein, die Radikalität wird nach dem fünften oder sechsten Begriff noch einen siebten fordern, einen achten – und schlussendlich wird sie die Umsetzung all der Drohungen, all des Hasses und der Beleidigung einfordern. Nicht »notfalls mit Gewalt« sondern »zwingend mit Gewalt«. Denn Radikalität basiert auf der Gewalt. Gewalt, die man erst über Sprache säht, und real auf der Straße erntet. Wort für Wort und Satz für Satz.
Wer radikalisiert ist, lässt sich als Wählerin oder Wähler viel leichter gewinnen, man muss nur Parolen liefern. Argumente sind bei den Usern der Hasssprache sowieso nicht mehr möglich. Radikalität lässt sich über Sprache leicht kreieren, indem man die »Grenze des Sagbaren« immer weiter bearbeitet und dehnt, um anschließend mit radikalisierteren und gewaltbereiteten Anhängern diejenigen einzuschüchtern, die sich dieser Radikalität bisher nicht angeschlossen haben. Es funktioniert. Wir sehen das jeden Tag. Jedes zerschnittene Plakat, jede Beleidigung, jeder tätliche Angriff beweist es. Und wie immer: das Internet.

Das Kabarettsolo

Im Mai 2024 war der Allgäuer Kabarettist und Schauspieler Maxi Schafroth zu Gast in der monatlichen Sendung »Schlachthof« (Bayerisches Fernsehen). Christian Springer und Michi Altinger führen durch die Sendung, die Gäste präsentieren auf der Bühne ihre Soli. Maxi Schafroth nimmt die Emotionalisierung der Diskussionskultur aufs Korn:

> »Aus der Überforderung ins Einfache fliehen, in der Politik
> auch bekannt unter dem Namen Hubert Aiwanger…
> nicht lachen, das ist nicht zu unterschätzen! (…) Es ist
> ein Trend in der Politik. Die Vereinfachung, es muss nicht
> immer alles tragfähig und sauber argumentiert sein
> wenn's anders auch geht. (…) Und wenn einer mit dem
> Vereinfachen anfängt, dann machen das andere nach.
> Mei Oma hat au gsagt, wenn der Ochsen-Wirt a Maggi
> nimmt, da werd ich nicht daheim 10 Stund lang am Herd
> stehen und Knocha kocha. Die einfache, die gefühlte
> Wahrheit wirkt im Bauch.
> Ohne Umweg übers Hirn.«

Die hängenden Schuhe

Die Bauernproteste haben ein neues Symbol und viele fragen sich, was es bedeutet: Arbeitsschuhe und Gummistiefel hängen an den Dorfeinfahrten von Stromleitungen, Ortsschildern und Bäumen herab. Oder sie sind aufgespießt an Zäunen. Ein dunkles, schauriges Symbol. Woher es kommt, kann niemand erklären. Auch die nicht, die die Schuhe aufgehängt haben.

Aber es hat sich von Garmisch bis Itzehoe während der Bauernproteste 2024 in rasender Schnelligkeit verbreitet.
Es gibt eine Menge an Erklärungsversuchen. Der traurige, aber harmlose Hintergrund, sagen etliche Bauern, ist, dass sie ihre Schuhe und damit ihren Beruf bald an den Nagel hängen müssen – wenn es so weitergeht. Bisher wurden Kreuze für diese Symbolik aufgestellt.

Das Phänomen der hängenden Schuhe gibt es in New York, in Edinbourgh und vielen anderen Orten der Welt. Die häufigste Erklärung ist, dass Straßengangs und Drogenbanden damit ihre Gebiete markiert haben. Im Sinne von: Komm mir nicht zu nah. Eine Drohung.
In Flensburg lautet die Erzählung anders: Die hängenden Schuhe in Norddeutschland weisen immer auf einen Skater-Park hin.

In den ländlichen Gebieten Bayerns gibt es traditionell wenig Skater-Parks. Sind die Schuhe dann doch die Drohgebärde der Bauernburschen:
Bleib uns fern, Berliner Ampel?

Aschermittwochshumor

Markus Söder in Passau: »Was unterscheidet meinen Hund Molly von Kevin Kühnert und Ricarda Lang? Mein Hund *hat* eine abgeschlossene Ausbildung!« Der Saal bebt, brüllt und applaudiert. Es hat Tradition, dass es am politischen Aschermittwoch sprachlich derb zugeht. Von harmlos und witzig bis zotig, obszön und beleidigend ist für jeden etwas dabei. Doch der Hund-Vergleich überschreitet die Grenze des Humors, darüber sind sich die Kommentatoren einig: »verhöhnend«, »fies«, »zu derb«. Die Reaktionen waren so massiv, dass sich Söder in einer Talk-Show rechtfertigte, und zwar so: »Zuallererst ist es ja total liebevoll. (..), wenn ich etwas, was ich sehr liebe, meinen Hund, mit beiden verbinde.« Die Moderatorin Caren Miosga bog sich vor Lachen über die unsinnige Ausrede in Pennäler-Art. Aber Söder legte nach: »Herr Nouripour hat zeitgleich mich mit einem Problembären verglichen. Bären, die Menschen umbringen könnten. Natürlich, Problembären sind die Bären, die gefährlich sind und im Trentino geschossen werden«.
An anderer Stelle versuchte Söder, sich als Satiriker darzustellen, Söder als Kabarettist. Dazu folgendes:

Kabarett ist eine Kunstform, die die Unterhaltung bricht.
Politiker am Aschermittwoch wollen ihre Fans unterhalten.
Kabarett lehnt Hierarchie und geschlossene Weltbilder ab.
Politiker leben von Hierarchie und geschlossenen Weltbildern.
Kabarett lebt von Wertschätzung.
Politiker am Aschermittwoch pflegen die Geringschätzung.
Söder veröffentlichte die Beleidigung auf ‚X‘.
Und erntet: Applaus.

Memes 2

Memes funktionieren auch als Anleitung zur Politikverdrossenheit:

Wer genügend Hass, aber zu wenig Kreativität besitzt, kann auf günstige Internet-Angebote zurückgreifen. Auf *redbubble.com* kann man sich mit diesem Poster in verschiedenen Größen eindecken. Unter der Überschrift »Gegen Die Grünen Anti Grün Spruch Zitate Poster« bietet ein *macphisto71* sein »Design« an, für nur 7,85 Euro. »25% Rabatt – nur noch für kurze Zeit«.

»Wir kommen in Dein Haus«

»Am letzten Samstag vor der Landtagswahl 2023 kamen diverse anonyme Nachrichten und Veröffentlichungen in den sozialen Netzwerken mit der Botschaft, dass man sich schon auf die Wahlparty der SPD ›freue‹ und zum ›Feiern‹ in mein Haus vorbeikommen werde – mit der Veröffentlichung meiner Privatadresse. Diese Nachrichten habe ich durchaus als Androhung empfunden.«
Ruth Müller, Generalsekretärin der Bayern-SPD

Die Veröffentlichung der Privatadresse ist eine immer wieder gern verwendete Form der direkten Bedrohung, verwendet insbesondere von radikal rechten Kreisen. Mit der Veröffentlichung einer Adresse suggeriert der Absender auch immer eine gewisse Handlungserwartung an die Empfängergruppe. »Ich gebe euch die Information, in diesem Fall eine Adresse. Nun seid Ihr an der Reihe, etwas zu tun!«

Ja. Es ist notwendig, Anzeige dagegen zu erstatten.

Vereinigung der Verfolgten des Naziregimes - Bund der AntifaschistInnen
Kreisverband Traunstein/Berchtesgadener Land
[redacted]

4.3.2024

Staatsanwaltschaft Traunstein
Herzog-Otto-Str. 1
83278 Traunstein

Strafanzeige wegen Volksverhetzung

Sehr geehrte Damen und Herren,

im Namen des Kreisverbands Traunstein der Vereinigung der Verfolgten des Naziregimes – BdA erstatte ich Strafanzeige wegen des Verdachts der Volksverhetzung nach §130 StGB.

Der Sachverhalt:
In Laimgrub bei Chieming ist in Fahrtrichtung Seebruck eine große Tafel mit folgendem Text angebracht:
"Manchmal muss das Schiff sinken, um die Ratten loszuwerden"
Auf dem Schild ist außerdem eine Ratte aufgemalt.
Seitlich über dem Schild hängt u.a. eine Ampel; in Fahrtrichtung nach Traunstein steht ein weiteres Schild mit der Aufschrift: "Was ist seltener als ein Sechser im Lotto? Ein Grüner mit Berufsausbildung"

Der Kontext (Ampel und Schild in Gegenrichtung) verweist eindeutig darauf, dass hier mit dem "Schiff" die gegenwärtige "Ampel-Regierung" mit den entsprechenden Personen, hier insbesondere die Grünen, gemeint sind. Ebenso eindeutig erscheint daraus die Folgerung, dass dieses "Regierungsschiff" untergehen müsse, um die darin handelnden Menschen wie Ratten loszuwerden.

Die Bezeichnung "Ratten" für die Gruppe der Menschen, welche die gegenwärtige Regierungskoalition bilden, stellt unseres Erachtens einen klaren Angriff auf die Menschenwürde dar. Für eine Organisation wie die Vereinigung der Verfolgten des Naziregimes – BdA, welche 1947 von Überlebenden des Naziterrors gegründet worden ist, ist das nicht hinnehmbar. Mit "Ratten" wurden in der Zeit der nationalsozialistischen Herrschaft Menschen, v.a. Juden, bezeichnet, die aus dem sog. "Volkskörper" ausgeschieden und letztlich der Verfolgung und Vernichtung preisgegeben werden sollten.
Dass heute öffentlich mit Vokabular im NS-Jargon die Würde von Menschen verletzt wird, erfüllt für uns den Tatbestand der Volksverhetzung.

Wir bitten um Einleitung der entsprechenden Schritte.

Mit freundlichen Grüßen

[redacted]

(Anhang: Foto)

Was tun

Nach zwanzig Männern im Amt des Innenministers, folgte im Dezember 2021 Nancy Faeser. Ihr Antrieb, überhaupt in die Politik zu gehen, war die Eindämmung von Rechtsextremismus. So stellt sie drei Monate nach ihrer Amtsübernahme bereits ein Aktionspaket vor. »Rechtsextreme Netzwerke zerschlagen« heißt es da. Das ist schneller geschrieben als getan. Rechtsextremistische Straftaten nehmen danach unaufhaltsam zu. Im April 2024 ist bereits ein neuer Plan fällig – und fertig. »Es geht darum, unsere offene Gesellschaft gegen ihre Feinde zu verteidigen.«, sagt die SPD-Innenministerin.

Rechtsextremistische Verfassungsfeinde sollen finanziell ausgetrocknet werden und schneller entwaffnet werden. Gerichte, Schulen und öffentlicher Dienst erhalten besseren Schutz vor rechtsextremer Unterwanderung.

Und im Internet sollen Fake-Accounts und falsche Nachrichten schneller erkannt und bekämpft werden.

Aber ist es nicht schon zu spät?

Das Internet ist schneller als jeder Politiker. Das gilt aber nicht für alle. Der erfolgreichste deutsche Politiker auf TikTok ist Ulrich Siegmund. Er ist Oppositionsführer im Landtag von Sachsen-Anhalt und – bei der AfD. Auch er war beim Geheimtreffen im November 2023 im Landhaus Adlon in Potsdam dabei. Sein TikTok-Account hat knapp 400.000 Follower.

Als die etablierten Parteien noch große Anzeigen in gedruckten Zeitungen bezahlt haben, war die AfD schon Marktführer auf TikTok. Alice Weidel erzielte mit einem Video von einer

ihrer Bundestagsreden 5,5 Millionen Aufrufe, hauptsächlich von jüngeren Usern.
Von den 10 erfolgreichsten deutschen Politikern auf TikTok sind 6 bei der AfD. Sie und ihre Mitarbeiter wissen, wie ein Algorithmus im Internet funktioniert. Und sie wissen, dass man besser in Social-Media-Mitarbeiter investiert, anstatt in Redenschreiber. Und die wissen ganz genau, dass Hass und Hetze besser ziehen als ein neuer Paragraf im Bundesemissionshandelsgesetz.

Die Machtgewalt von Sprache als Mittel der Hetze ist allerdings keine Erfindung der AfD. Im Dreißigjährigen Krieg, und damit lange vor TikTok, spielt eine Szene aus Bertolt Brechts Drama *Mutter Courage*. Der evangelische Feldgeistliche hat seine Stellung verloren und muss nun als Schankknecht arbeiten. Doch mit großer Klappe preist er seine Tugenden an:

> »Sie haben mich nicht predigen hörn. Ich kann ein Regiment nur mit einer Ansprache so in Stimmung versetzen, daß es den Feind wie eine Hammelherde ansieht. Ihr Leben ist ihnen wie ein alter verstunkener Fußlappen, den sie wegwerfen in Gedanken an den Endsieg. Gott hat mir die Gabe der Sprachgewalt verliehen. Ich predig, daß ihnen Hören und Sehen vergeht.«

Auch auf Tiktok zieht die eigene Mutter, sogar bei den jüngeren Internetusern. 700.000 Aufrufe hat ein Wahlkampf-Clip des Europa-Abgeordneten der AfD Maximilian Krah. Er erklärt, dass das Geld *der Deutschen* für Flüchtlinge, überflüssige

Klimarettung und »für 53 Geschlechter« verschleudert wird. Die Folge: die Mama verarmt. Aber Krah kennt den Schuldigen: die Grünen. Er erklärt dem interessierten AfD-Jüngling, dass die Mama verarmt, weil sie »nicht bei den Grünen Karriere gemacht hat, sondern dich großgezogen hat und deine Geschwister«.

Angesichts der nicht mehr einzuholenden Dominanz der Rechtsextremen im Internet braucht der neue 13-Punkte-Plan des Innenministeriums jetzt vor allem eins:
Ganz viel Glück.

Karl Stankiewitz

In der Nachfolge des Anführers der militanten Neonazi-Szene Friedhelm Busse gründeten gewaltbereite Neonazis 2001 die »Kameradschaft Süd«. Nicht mehr Parteifunktionäre, sondern Rocker, Hooligans und ähnliche Typen sollten fortan die radikale Szene bestimmen – und so auch einem Parteiverbot entgehen.

Das nach wie vor geltende Programm: provozierende Aufmärsche, Demos und Partys zu Rudolf Hess' Geburtstag. In mehreren Städten organisierte Norman Bodin immer neue Kameradschaften, Kampfbünde, Foren, Info-Stände und Fanclubs. Sogar in die Fußballabteilung des MTS 1860 wollte Bodin eintreten und Fäden knüpfen, was der Verein jedoch verhinderte. Stattdessen trat er im Oktober 2004 in die NPD ein und wurde deren stellvertretender Jugendführer. Auf der Angriffs- und Opferseite erschienen neue Volksgruppen: Obdachlose, Behinderte, Schwule, Andersgläubige und vor allem Flüchtlinge – »asozialer Dreck«. Bei einer der von Bodin gewollt schockierenden Inszenierungen wurde die Erkennungsmelodie der NSU-Mörder abgespielt. »Geschmacklos, aber nicht strafbar«, urteilte die Richterin und sprach den Angeklagten im Januar 2013 frei. In diesem Prozess wurden wir Journalisten von Kameraden massiv bedroht. Und weil sie im NSU-Untersuchungsausschuss des Landtags den italienischen Geheimdienst zitiert hat, wonach Bodin und der NSU-Mitangeklagte Ralf Wohlleben mit Skinheads in Südtirol über Angriffe auf Einwanderer gesprochen habe, kündigte Bodins Anwalt eine Klage gegen eine Grünen-Abgeordnete an. Sie habe »Persönlichkeitsrechte verletzt«.

Von jetzt an ging es Schlag auf Schlag, bei relativ harmlosen Happenings sollte es nicht bleiben. Am 6. September 2003 verhaftete die Münchner Polizei den 26jährigen Neonazi Martin Wiese, der schon an den Brandanschlägen in Rostock-Lichtenhagen und an Krawallen gegen die Wehrmachtausstellung im Rathaus beteiligt war, sowie acht weitere Männer. Sie hatten sich Waffen und Sprengstoff beschafft – für die zum 11. November geplante Grundsteinlegung zum neuen jüdischen Gemeindezentrum am Jakobsplatz.

Am 22. Juli 2016 stürmte der 18jährige Deutsch-Iraner David Sonboly ins Olympia-Einkaufszentrum, erschoss neun und verletzte fünf weitere Menschen, bevor er sich in einer Nebenstraße selbst tötete. In seinen Chats hatte der psychisch aufgefallene Amokläufer aus seiner Sympathie für den norwegischen Massenmörder Anders Breivik (69 Todesopfer genau fünf Jahre vorher) kein Hehl gemacht. Auch hatte er Kontakt mit William Atchison, der am 7. Dezember 2017 in New Mexico ein ganz ähnliches Massaker verübte. Der 21-Jährige soll einer weltweiten Gruppe rechter Jugendlicher angehört haben. David Sonbolys digitales Bekenntnis: »Unsere Gegner sind jetzt Salafisten, Wirtschaftsflüchtlinge, Merkel. Die AfD wird durch uns in die Höhe gepuscht«. Die Liste der von Rechtsradikalen verübten Verbrechen ist natürlich viel länger als sie in diesen Zeilen rekonstruiert werden konnte.

Karl Stankiewitz, Journalist (geb. 1928) in Halle a. d. Saale

Nazivergleich 4

Im Internet können sich Gruppen zusammenschließen, die mit ihren Chats gerne unter sich bleiben wollen (auch auf Facebook). Ab und zu verirrt sich trotzdem mancher Post nach draußen (hier im April 2024), wird aber, wenn Strafrechtliches droht, schnell gelöscht. Dieser Post, vermutlich aus einer AfD-Gruppe, ist ein besonders abschreckendes Beispiel dafür: Grünen-Politik = Holocaust.

Angriff auf die Wissenschaft

»Es ist eine historische Erfahrung, dass die herrschende Schicht einer untergegangenen Gesellschaftsordnung mit unmenschlicher Brutalität ihre Herrschaft aufrechtzuerhalten versucht.« Was im 1933 erschienenen *Braunbuch* des kommunistischen Politikers Wilhelm Münzenberg als erstes Fazit über die nationalsozialistische Wirklichkeit geschrieben wurde, hat – ohne das Gestern und Heute gleichzusetzen – viele Parallelen in unserer Gegenwart. Alle ernstzunehmenden Wissenschaftler der Welt warnen vor dem »weiter so«. Klima, Verkehr, Finanzwirtschaft, Gesundheitssystem, Religionen, Werte stehen nicht vor dem Kollaps. Sie taumeln bereits. Autokraten und Demokratien mit dem Hang zur Diktatur sind auf Vormarsch, um eine Welt zu erhalten, die keinen einzigen Schritt in eine bessere Zukunft für die Menschen wagt. Die deutsche Expertin für Mobilitätswandel und 2020 unter den »100 Frauen des Jahres«, Katja Diehl, erklärt: Die Leute »hoffen, dass die Verhältnisse, die sie seit ihren Kindheitstagen kennen, noch ein, zwei Jahre andauern. Die Nation spielt auf Halten. Das Vakuum wird gefüllt durch einen Retro-Trend. (…) Statt in die Zukunft blicken wir in den Rückspiegel«.

Rassismus grassiert. Obwohl die Genetik längst bewiesen hat: Es gibt keine »Rassen«. Einflussreiche Menschen wie Thilo Sarrazin behaupten das Gegenteil – und verkaufen Millionen ihrer Bücher. Die Wissenschaft ist in und durch die sogenannten sozialen Medien – zur *Meinung* degradiert.
Und zu jeder Meinung darf es eine gegenteilige Meinung geben, oder…?

Wenn wissenschaftliche Ergebnisse systematisch in Frage gestellt oder gar verdreht werden, und Forscher auf eine Stufe mit Verschwörungstheoretikern gestellt werden, steckt totalitäres Denken dahinter. Purer Ideologie ist Tür und Tor geöffnet. Ein unbekanntes Kapitel des NS-Regimes ist die Vernichtung des freien wissenschaftlichen Arbeitens – von Anfang an. Die Opfer: Die MathematikerInnen von Weltruf Courandt, Hensel, Bernstein, Schur, Misses, Bieberbach und Noether wurden 1933 entlassen. Der Urvater des Fernsehens, Arthus Korn, musste 1935 seine Professur aufgeben. Die Physiker James Franck (Nobelpreisträger), Prof. Born (wegen »undeutscher Forschungen«), Prof. Pringsheim und Prof. Bück wurden aus den Hochschulen gewaltsam entfernt. Wissenschaftler aus den Fächern Soziologie, Staatswissenschaft, Jura, Geschichte wurden geächtet, ihre Veröffentlichungen verbrannt. »Wir wollen die Lüge ausmerzen« und »wir wollen das Volkstum ernst nehmen«, hieß es in den zwölf »Thesen wider den undeutschen Geist« vom April 1933. Als sogar der weltberühmte Physiker und Nobelpreisträger Albert Einstein verfolgt wird, macht sich das Nazi-Regime zum Gespött der gesamten wissenschaftlichen Welt. Aber die Nazis setzen auf einen der größten Köpfe der Wissenschaftsgeschichte das Kopfgeld von 5.000 Dollar aus. Goebbels schreit: »Jüdischer Intellektualismus ist tot«. Wissenschaftliche Objektivität störte das Nazi-Regime an der totalen Machtübernahme.

Keine Wiederholung der Geschichte, aber ein erneuter Angriff auf die Wissenschaft: Die Gegner der Klimaschutzmaßnahmen der Ampel-Regierung lassen 2023 die Internet-Kanäle von Instagram, Facebook, Telegram und Twitter heißlaufen. Der stell-

vertretende bayerische Ministerpräsident Hubert Aiwanger hat es denen in Berlin wieder einmal gezeigt: »Also ich pflanze doch lieber ein paar Quadratkilometer Bäume und darf trotzdem noch Autofahren«. Hinter dieser vereinfachenden Aussage zum CO_2-Ausstoß steht eine Rechnung Aiwangers, die völlig falsch ist.
Der CO_2-Ausstoß muss reduziert werden. In Deutschland, und weltweit. Aber wie? Tempolimit? Weniger Autofahren? Was ist mit der Industrie? Aiwanger ist im Wald aufgewachsen und besitzt selbst viele Bäume. Er weiß, Wälder speichern CO_2. Dann rechnet Hubert Aiwanger in einer Talkshow vor: Um das gesamte CO_2, das Deutschland ausstößt, zu kompensieren, braucht man nur 25 Quadratkilometer zusätzlichen Wald – und tot ist der Klimawandel. Vieltausendfacher Beifall braust ihm im Internet entgegen.
Die wissenschaftliche Sicht auf die Bäume lautet anders. Wer den CO_2-Ausstoß in Deutschland durch den Wald neutralisieren will, benötigt nicht die läppischen 25 Quadratkilometer Aiwangers, sondern eine Fläche zehnmal so groß wie Deutschland.

Im Januar 2024 sitzt im »Sonntags-Stammtisch« des Bayerischen Rundfunks Professor Harald Lesch, ein leibhaftiger Physiker. Der hat für manche der wissenschaftlichen Aussagen der Bayerischen Staatsregierung nur einen knappen Kommentar übrig: »Da liegt man als Wissenschaftler mit Krämpfen auf dem Boden«. Und als Markus Söder von modernen Atomkraftwerken erzählt, die keine atomaren Endlager mehr benötigen würden, hat das Bundesamt für die Sicherheit der nuklearen Entsorgung festgestellt:

»Alles falsch«.

Fazit: Die Aufforderung an die Politik, sich sprachlich zu mäßigen, gilt nicht nur für ausgrenzende oder verunglimpfende Aussagen, sondern genauso für halbwissenschaftliche Aussagen, die dann bei der ersten Nachprüfung in sich zusammenfallen. Mehr Achtsamkeit ist gefragt, denn einmal ausgesprochen, sind die verdrehten Wahrheiten nicht mehr aus dem Wörterbuch der Populisten zu tilgen.
Sie werden von zu vielen geglaubt, und nachgeplappert.

»Öko-Nazis«

Verflucht

Die einen beschmieren Plakate, die anderen schreiben Emails, die nächsten werfen anonym Zettel in die Briefkästen der Parteien und PolitikerInnen. Diejenigen, die am meisten aufgebracht sind, erscheinen persönlich auf den Veranstaltungen und schreien sich die Seele aus dem Leib.
Aber all diese Beschimpfungen ähneln sich, im Wortlaut oder in der Form der übelsten Beleidigung. Unterm Strich gehört vieles, was da den PolitikerInnen entgegen geschleudert wird, zu den Flüchen.

Festgestellt hat das die *Malediktologie*, ein Zweig der Psycholinguistik, also der Sprachwissenschaft. Die WissenschaftlerInnen untersuchen seit 1973 die ordinäre Art des Schimpfens und seine psychologische Funktion. Es wurde danach geforscht, wer wie in welchem Land flucht. Für Deutschland hat sich herausgestellt, dass man hierzulande am häufigsten zur Fäkalsprache greift, also alles was ein »Scheiß…« ist. Und an zweiter Stelle steht die sexualisierte Beschimpfung wie »Hure«, »Fotze« usw.

Die *Malediktologie* liefert genaue Hinweise darauf, woran man erkennen kann, ob eine Schimpftirade zu den Flüchen gehört.

- Der Fluch ist eine Reaktion auf ein zugefügtes oder gefühltes Unrecht und entlädt sich wie ein angestauter Affekt.
- Der Verfluchende sieht sich dem »Täter« ohnmächtig gegenüber.
- Die Wirksamkeit des Fluches wird stärker, umso größer die *Fluchgemeinschaft* (heute sagt man die Blase) ist.

- Das direkte Umfeld glaubt an die Wahrhaftigkeit der Fluch-Beschimpfung und ritualisiert sie damit.

Unter diesen Gesichtspunkten ist das Fluchen ein parareligiöser Akt. Das erklärt die völlige Abwesenheit einer Debattenkultur. Genauso wie es nicht sinnvoll ist, mit einem echten Christgläubigen über die Auferstehung eines am Kreuz Gestorbenen oder über die jungfräuliche Geburt zu diskutieren. Es gilt nur: Entweder – oder. Wer flucht, greift emotional zum letzten Mittel und ist unumstößlich in seiner Meinung gefangen. Das schweißt die Gruppe zusammen.
Das *Maleficium*, heute noch bekannt als »Malefiz«, ist der absichtlich zugefügte Schaden. Die wörtliche Beleidigung und Herabwürdigung galt sogar als Zaubermittel. Deshalb wurde das *Maleficium* im Mittelalter als Schwarzer Zauber angesehen und war die einzige Form der Magie, die unter Strafe stand. Es konnte sogar die Todesstrafe drohen.

Da an die Wirkung einer Verfluchung kein Mensch mehr glaubt, ist der Fluch keine Straftat mehr und wird auch nicht mehr bestraft. Doch hinter dem Fluch verbirgt sich die Beleidigung. Beiden gemeinsam ist der starke Wunsch, dem anderen Schaden zuzufügen. Und dafür drohen Konsequenzen: Nach § 185 des Strafgesetzbuches kann eine Beleidigung bestraft werden – bis hin zum Freiheitsentzug.

Meitingen, 2. Oktober 2023
Brutaler Vandalismus.
Unten: Gleiches Plakat. Detailaufnahme.

Hubert Aiwanger
@HubertAiwanger

Politische Randgruppen wie die SPD dürfen den Bauern nicht weiter schaden! #Bauernproteste

7:14 nachm. · 8. Jan. 2024 · **254.142** Mal angezeigt

Der stellvertretende bayerische Ministerpräsident Hubert Aiwanger spricht bei den sogenannten Bauernprotesten: »Politische Randgruppen wie die SPD dürfen den Bauern nicht weiter schaden.«

Der größte Schaden für einen Bauern ist, wenn er seinen Hof schließen muss. Die Statistik erzählt eine traurige Geschichte: 1919 gab es noch ca. 700.000 Bauernhöfe in Bayern.
Am Ende des Jahrhunderts waren es nur noch 154.000 Höfe.
Im 2023 gab es dann nur noch 81.000 Höfe.
Die SPD hat bis auf wenige Jahre in Bayern nicht regiert.
Das Massensterben der Bauernhöfe geschah unter CSU-Herrschaft.

Die Regierung ist schuld

»Die größte Gefahr für die innere Sicherheit sind weder Reichsbürger noch gewalttätige Migranten, sondern unfähige und unwillige Politiker, die regieren.«
(Hans-Georg Maaßen im Internet, 2. Januar 2023)

An anderer Stelle: »Der Fanatismus und die Rücksichtslosigkeit der Grünen machen mir Angst und erinnern an den Fanatismus der chinesischen Kulturrevolution und an die Roten Khmer.«
Unter den »Roten Khmer«, die in Kambodscha eine kommunistische Agrargesellschaft aufbauen wollten, wurde Ende der 70er Jahre ein Viertel der Bevölkerung ermordet.
Jemand, der sich »Aufseher« nennt, postet darunter: »Öko- und Corona-Faschismusinsel Deutschland zurück in die Steinzeit, während bei den anderen 98% der Emmissionäre kräftig neue Kohlekraftwerke usw. sprießen. In der Steinzeit hat man übrigens mit dem fossilen Brennstoff Holz geheizt Ihr grünroten Faschisten oder wollt Ihr Euer Essen mit warmen Gedanken wärmen?«

Der Verfasser der Posts: Der deutsche Jurist Hans-Georg Maaßen, der von 2012 bis 2018 Präsident des Bundesamtes für Verfassungsschutzes war. Seit Januar 2024 weiß man, dass Maaßen inzwischen selbst vom Verfassungsschutz beobachtet wird – als Rechtsextremist.

»Ich sorge mich um unsere Demokratie«

Am 30. Oktober 2023 tritt der 19. Bayerische Landtag zur sogenannten konstituierenden Sitzung zusammen. Ilse Aigner (CSU) ist wieder zur Landtagspräsidentin gewählt worden. In ihrer Antrittsrede rief sie die Abgeordneten dazu auf, für die Menschen Lösungen anzubieten und nicht nur »Stimmungsmache, Rauflust und Radau«. Sie warb für eine Politik gegen Angst und Populismus und mahnte eindringlich, dass der Landtag kein »Drehort für den eigenen Social-Media-Kanal« sei.

Aus Ilse Aigners Antrittsrede:

> »Von der Brandrede bis zum Anschlag ist der Weg nicht weit. Die Gewalt gegen Politikerinnen und Politiker, gegen Polizistinnen und Polizisten, Rettungskräfte, Repräsentanten des Staatlichen, Journalistinnen und Journalisten sowie Vertreter der Zivilgesellschaft nimmt zu. Und diese Gewalt ist Ergebnis einer planvoll aufgeheizten Stimmung. Dieser Plan darf nicht aufgehen. Deshalb meine eindringliche Bitte: Lassen Sie uns verbal abrüsten! (…) Ich sorge mich um unsere Demokratie. Und ich will sie schützen!«

Jetzt geht's an den Geldbeutel

Wenn im Bayerischen Landtag von rechts gepöbelt wird, schaut alles auf Ilse Aigner. Ilse wird's schon richten. Und sie tut es: »Unsere parlamentarische Demokratie ist wehrhaft, sie lässt sich nicht verächtlich machen und sie lässt sich von niemandem auf der Nase herumtanzen.«
Ilse Aigner hatte fünfzehn Jahre Bundestag und fünf Jahre in der Bayerischen Staatsregierung hinter sich, als sie 2018 zur Landtagspräsidentin gewählt wurde. Damit hat sie das Hausrecht im Bayerischen Landtag. Im gleichen Jahr zog die AfD mit zehn Prozent der Wählerstimmen in den Landtag ein. Seither reiht sich Eklat an Eklat. Die Mitglieder der Afd-Fraktion machen keinen Halt vor rassistischen und demokratiefeindlichen Aussagen. Nachdem zwanzig Jahre lang im Bayerischen Landtag keine Rügen ausgesprochen worden waren, explodierte die Zahl der Rügen mit dem Einzug der AfD ins Parlament: 21mal innerhalb einer Wahlperiode. Die AfD im Landtag sieht es anders. Die Maßregelungen seien Unterdrückung der Meinungsfreiheit – und trägt die Rügen laut Ilse Aigner »wie eine Trophäe vor sich her«.

Ilse Aigner beschreibt die Lage als »Verrohung der politischen Kultur«. Damit soll jetzt Schluss sein. Nicht nur die Geschäftsordnung, auch das Abgeordnetengesetz wurde Anfang 2024 geändert:
Bei gravierenden verbalen Ausfällen, Störaktionen oder der Verletzung der Würde des Landtags kommt es zum Ordnungsruf, dann zu einer Geldstrafe von 2.000 Euro, bei Wiederholung 4.000 Euro, und wer dann keine Ruhe gibt, wird ausgeschlossen.

Die »Rüge« ist damit abgeschafft, jetzt geht es direkt an den Geldbeutel der Afdler.
Und neu: Die Abgeordneten können auch für ihre Gäste zur Rechenschaft gezogen werden. Vorfälle wie 2023 sollen sich nicht wiederholen. Da hatten AfD-Abgeordnete eine Horde rechtsextremer Burschenschaftler zum Saufen in den Landtag eingeladen, inklusive Bedrohung eines Journalisten und Hitlergrußähnlichen Gesten.

Im Frühjahr 2024 ergaben Recherchen von BR24, dass über 50 Rechtsextremisten von Afd-Abgeordenten als Mitarbeiter im Landtag beschäftigt werden. Darunter ein Ordner und Aktivist der rechtsextremen Identitären Bewegung – als »persönlicher Referent« eines Abgeordneten.

Ilse Aigner muss weiterhin gut aufpassen.

Nicht nur in Bayern

3 verletzte Polizisten
1 beschädigtes Fahrzeug
1 Festnahme
Das war die Bilanz der baden-württembergischen Kreisstadt Biberach am Abend des Aschermittwochs 2024. »Das war ein wilder Mob. Keine Bauersleut, sondern einfach nur gewaltbereite Krawallmacher.«, sagt der Initiator des politischen Aschermittwochs der Grünen. Die Veranstaltung gibt es seit 1996 und gilt als »Hochamt der Grünen« (SZ) in der Region. Ab und zu wurde dagegen protestiert, aber nun eskalierte die Situation: Zum ersten Mal konnte eine demokratische Partei eine wichtige Veranstaltung nicht durchführen, weil sie nicht mehr ausreichend vor dem Terror der Straße geschützt werden konnte.
Schon am frühen Morgen blockierten Traktoren die Zufahrten zur Stadthalle, Gastredner Ministerpräsident Kretschmann musste umkehren. Fluchtwege werden blockiert, und ein Misthaufen wird vor der Halle abgeladen. Mitgebrachte Sensen und Galgen liefern die makabre Symbolik dazu. Wut und Aggression vor der Halle steigen. In der Menge hantiert ein Unbekannter drohend mit einer Kettensäge. Dann fliegen Steine, Rauchbomben explodieren, Polizisten werden angegriffen. Die Veranstaltung wird abgesagt. – Die Demokratie hat verloren.

Die Demonstration gegen den Aschermittwoch der Grünen war angemeldet und niemand wunderte sich darüber, denn mit Jürgen Trittin, Cem Özdemir und Ricarda Lang als Redner waren die meistgehassten Grünen auf einem Fleck versammelt. Die prominente Besetzung weckt die Querdenker im Internet. Einige Wochen vor der Veranstaltung wird auf deren Kanal bei Telegram ein »Veranstaltungstipp« veröffentlicht:

> »Wer Jürgen Trittin, Ricarda Lang und Cem Özdemir mal live sehen will und mit ihnen ordentlich abfeiern möchte, sollte am 14. Februar um 11 Uhr an der Stadthalle in Biberach sein. Das wird ein Spaß, endlich richtig gute Politiker begrüßen.«

Ist das ein Aufruf zu Gewalt? Ja. Wer die Sprache der Szene versteht, weiß ganz genau, was mit »ordentlich abfeiern« gemeint und geplant ist.

Ein paar wagemutige Grüne haben sich in die Menge begeben, um zu reden. Auch mit dem Mann mit der Kettensäge. Wie hat der Mann darauf geantwortet?

Er hat die Kettensäge angeschmissen.

So geht es los

»Bauerntod jetzt + hier
schuld sind Grüne + Özdemir«
Es beginnt immer mit eindeutiger Schuldzuweisung. Dann folgt das Zündeln mit der Angst. Solange, bis Gewalt ausbricht.
Bild: Robert Seifert, Trostberger Tagblatt.

Eine Stadträtin gibt noch nicht auf

Die letzten Wahlkämpfe waren so heftig, dass ich mich immer wieder gefragt habe, warum ich weitermache. Ich bin alleinerziehende Mama von 3 Kindern und ich arbeite für die Grüne Landes- und Bundespolitik. Und ich bin müde. Müde durch die aktuelle gesellschaftliche Lage und müde dadurch, dass ich das Gefühl habe, eine Geschichte mitzuerleben, die ich nie miterleben wollte.
Im Wahlkampf wurde ich am Infostand von einem etwa 50jährigen Mann enorm beleidigt. Sätze wie: »Du gehörst auf den Schlachthof«, »Du kleines Arschloch« usw. fielen dabei. Ich habe dies im Anschluss sofort angezeigt und er musste eine Strafe in Höhe von 1800 € bezahlen.

Es haben mich auch unzählige Emails mit Mord- und Vergewaltigungswünschen erreicht. Wünsche, die bis ins kleinste Detail geschildert wurden. Ebenso Post, die direkt in meinen Briefkasten eingeworfen wurde. Da gab es u.a. Briefe mit: »Ich weiß, wo dein Sohn Fußball spielt.«, »Wenn wir an der Macht sind, bist du weg.«, »Du kleines, dummes Blondchen gehörst ordentlich durchge*****« usw.

Mittlerweile kostet es mich enorm viel Überwindung, mich an Infostände zu stellen, besonders, da es gerade vielen Ehrenamtlichen so geht. Aber nicht nur die Tatsache, dass der Ton an Infoständen rauer, aggressiver und brutaler wird, beschäftigt mich – sondern auch der politische Umgang im Kommunalgremium. Da ist es mittlerweile ganz normal, dass die Augen gerollt werden, wenn ich mich melde.

Wir haben bisher keine AfD im Gremium – aber Mitglieder der CSU, die auf den Kurs der Landespolitik massiv aufgesprungen sind. Ich habe oft das Gefühl, dass es für Männer schwer auszuhalten ist, wenn eine junge Frau etwas zu sagen hat. Meine »Chefinnen« werden teilweise bewusst vom Fotografiertwerden abgehalten – Grußworte werden Ihnen gar nicht mehr zugesprochen, obwohl es Ihnen aufgrund Ihres Mandats zustehen würde.

Es macht aktuell absolut keinen Spaß Politik zu machen und dennoch ist es gerade wichtiger denn je.

Wiener Schmähungen

Es war die Zeit, als das legendäre Kaiserpaar Franz und Sissi die österreichisch-ungarische Monarchie regierte. Eine Ära, in der es üblich war, dass neben dem Herrscher ein Parlament an den Regierungsgeschäften beteiligt war – mehr oder weniger. Am Ende des 19. Jahrhunderts verbrachte der berühmte amerikanische Schriftsteller Mark Twain zwei Jahre in Wien. In den Besucherrängen des Reichsratsgebäudes sitzend, erlebte er vom 28. bis zum 30. Oktober 1897 die längste Sitzung des österreichischen Parlaments. Es ging um eine Art Länderfinanzausgleich zwischen Österreich und Ungarn. Doch die Endlossitzung eskalierte über eine Nebenfrage: Darf in Böhmen neben Deutsch auch Tschechisch als Amtssprache verwendet werden?
Der erste Redner, Dr. Otto Lechner, war Mitglied der deutschen Fortschrittspartei und hielt, ohne Manuskript!, aber unterstützt von ein paar Gläsern Wein, eine zwölfstündige Rede. Es entstand Tumult. Der Parlamentspräsident Ritter von Abramowicz rief zur Ruhe, woraufhin er von nationalistischen Abgeordneten als »Polackenschädel« beleidigt wurde. In der folgenden 33-stündigen Debatte wurden Schlägereien angezettelt, andere Gruppen knallten unaufhörlich mit den Holzdeckeln auf ihre Pulte. Es herrschte Lärm, Chaos und verbale Gewalt. Und es ging um nichts weniger als um das Überleben der Regierung unter Kasimir Graf von Badeni.

Mark Twain beobachtete das Geschehen von oben, machte sich Notizen und überlieferte so, was sich die Abgeordneten bis in die tiefe Nacht an den Kopf warfen:

»Die Partei der Ehrlosen hat zu schweigen!«
»Besoffener Hanswurst!«
»Zuhälter!«
»Haderlump!«
»Hausknechtsnatur!«
»Schandbube!«
»Bordellvater!«

»Somit dürfte der Unterschied zwischen Schuljungen und den Gesetzgebern im Reichsrat darin bestehen, dass Letztere keine Grenzen kennen, keinerlei Hemmungen. Allem Anschein nach dürfen sie sich nach Lust und Laune beschimpfen und danach unversehrt heimgehen.«, schrieb Mark Twain. Die legendäre Sitzung in Wien gilt als Spiegelbild des Verfalls der österreichisch-ungarischen Monarchie. Ein Vielvölkerstaat, in dem sich unversöhnliche Gruppierungen engstirnig und radikal bekämpfen. 17 Jahre später wird dadurch ein Weltkrieg mit siebzehn Millionen Toten ausgelöst, der die Weltordnung mitsamt der österreichischen Monarchie auflöste.
Mark Twains Augenzeugenbericht über die Vorgänge im Parlament beleuchtet den entfesselten Hass: Antisemiten werfen Antisemiten vor, Juden zu sein. Unter den Abgeordneten »finden sich Fürsten, Grafen, Barone, Priester, Bauern, Handwerker, Arbeiter, Rechtsanwälte, Richter, Ärzte, Professoren, Kaufleute, Bankiers und Krämer. Allesamt fromme Männer, ernsthaft, rechtschaffen und pflichtgetreu, und alle hassen sie die Juden.« Resigniert schließt Mark Twain seinen Bericht mit dem Satz: »Sie haben mich nach dem parlamentarischen System gefragt und darauf habe ich mich beschränkt. Es gab einmal eines.«

»Demokratie braucht Bürger, die in der Lage sind,
ihre Wörter zu reflektieren.«

Zitiert aus »Widerstand der Vernunft« der US-amerikanischen Philosophin Susan Neiman.

Brief an Frau K. (Bündnis 90 / Die Grünen)

» ... Zuerst habt Ihr 3. Mill. ›Asylanten‹ ins Land gelockt. Dann wird von diesen Leuten unser Sozialsystem geplündert. Aber, das ist nach Eurer Ansicht alles rechtens. Die BRD wird vom Islam unterwandert, nicht von der AfD. Die AfD ist die einzige Partei, die sich für die steuerzahlende Bevölkerung einsetzt.
Ihr habt noch nie was Vernünftiges gearbeitet. Darum wisst Ihr auch nicht wo die Steuergelder herkommen!!!!! Ihr wollt nur das Geld der fleißigen Bürger an Eure Anhänger und sonstige Schmarotzer verteilen.

Schaut nur euren blöden Weiberverein an. Was zeichnet euch Weiber aus? Vor allem von Allem keine Ahnung! Wenn Grüne Steinwerfer die Straßen blockieren, dann findet Ihr Weiber dies alles legitim. Aber, wenn sich eine Partei für die Interessen der Bürger einsetzt, dann werden alle Andersdenkenden in die Rechte Ecke gestellt. Die Stasi lässt grüßen.
Es wäre wirklich mal an der Zeit, bevor Ihr blöden Weiber Ihr dummes Maul aufmacht, zuerst mal Euer Hirn einzuschalten. Stopp: Entschuldigung. Was ist Hirn. Anscheinend bei euch nicht vorhanden.

Ihr Weiber glaubt tatsächlich, dass Heumilch aus Heu gemacht wird ...«

Wie die Gewalt in das Leben vom Karli kam

Die Familie war aufgeregt, weil heute hoher Besuch kam. Der Erbonkel, ein Mann, der es durch ehrliche Arbeit beim Hauptzollamt und Gschäftln nach dem Krieg so weit gebracht hatte, dass er 2 Patrizier Miethäuser im Lehel, einer feinen Münchner Wohngegend, besaß. Der Onkel hatte in guten, alten Zeiten bei der SA gedient und war nach dem Krieg durch daraus resultierende Beziehungen im Zollamt schnell an die leitende Position gekommen. Zum Kinderzeugen fehlte ihm sowohl Zeit als auch Lust dem weiblichen Geschlecht gegenüber. Er war also ein interessanter Verwandter, den man heute in die eher links gestrickte Familie der Maresa eingeladen hatte. Zum Kaffee hatte man extra eine Schwarzwälder Kirsch-Torte gekauft, die sowohl des Onkels als auch seines nach wie vor Führers im Herzen war. Das Gespräch plätscherte, bis der Herrmann – so hieß der Kamerad – auf das Thema 3. Reich kam. Er geriet in Rage, als er die verlotterte Jugend, den fehlenden Nationalstolz und das mangelnde Geschichtsbewusstsein der heutigen Generationen ansprach. Hitler hätte bloß schlechte Berater gehabt, war aber sonst integer. Da geschah es. Der kleine Karli, welcher am Tisch auch genussvoll Hitlers Lieblingstorte gegessen hatte, krähte unvermittelt: »Aber der Hitler hot doch sovui Leit umbrocht, der war doch a böser Massenmörder!« Peng, hatte der sonst so liberale Vater zugehaun und ihm eine saftige Watschn verabreicht. Half aber nichts mehr. Der Onkel war erstarrt. »Wer hat denn dem Kind so einen Unsinn eindoktriniert?« fragte er schneidend. »Das kommt doch nicht von allein, dieser jüdische Blödsinn!« Es half auch nichts mehr, dass man ihm ein drittes Stück Schwarzwälder Kirsch auf den

Teller schob. Nach 5 Minuten verabschiedete er sich und 3 Wochen später starb er. Das Erbe war futsch, der Onkel hatte es nach Auskunft des Notars kurz nach dem Schwarzwälder Kirsch-Nachmittag geändert. Die Eltern gingen am Tag des Geschehens ziemlich wortkarg mit dem kleinen Karli um. Er merkte sich den Tag auch wegen der Watschn, weil so – wie er erst später analysierte – die Gewalt in seine Politik gekommen war.

Hans Well
Musik-Kabarettist und Autor

Klaus Mann (1906 – 1949)

»Eine große Verwirrtheit herrscht in dieser Zeit, ein mächtiger Aberwitz unternimmt es, alles auf den Kopf zu stellen.«

Wahlkampf 2023, in Mamming / Niederbayern

»Ich hatte zum ersten Mal Plakate mit meinem Kopf drauf. Das erste Plakat wurde direkt in meinem Heimatdorf (ca. 600 Einwohner, hier kennt noch fast jeder jeden) mit nicht lösbarer Farbe beschmiert / bespritzt, es hing über 2 m hoch. Ein weiteres Kopfplakat habe ich in der Nachbargemeinde aufgehängt. Es stellte sich raus, dass quer über meinen Kopf mit einem scharfen Messer geschnitten wurde. (…) mich hat es schon erschrocken, vor allem da sie eher geplant als zufällig wirken.«

Warum passiert das alles?

Auf diese Frage gibt es keine befriedigende Antwort. Der Fernsehmoderator und Satiriker Christoph Süß nennt es den »Zorn, der aus der Verzweiflung kommt«. Viele Menschen fühlen sich überfordert: Corona überleben, aber wie? Flüchtlinge aufnehmen, aber wie viele? Für Frieden sein, aber Waffen liefern? Das Klima retten, aber ein Auto brauchen? An jeder Ecke gibt es neue Herausforderungen. Und das Schlimmste daran: Wir sollen alle mitmachen.

Das können wir nicht. Wir sind nicht trainiert dafür. Deshalb steigt die Angst. Wer in Mathe immer nur vom Nachbarn abgeschrieben hat, kann in der Schulaufgabe 642 : 3 = x nicht von selbst lösen. Es droht eine schlechte Benotung, im Ernstfall das Sitzenbleiben. Ungeübte haben mehr Angst als Geübte.

Unsere Gesellschaft lebte im Frieden. Aber auch im Tiefschlaf. Veränderungen waren nicht nötig. Merkel war immer da. FC Bayern war immer Meister. Zum Frühstück gabs immer Nutella. Die Stammwirtschaft diente für Taufe, Geburtstag, Hochzeit und Leichenschmaus. Die einzige Änderung im Jahreslauf war der Wechsel von Sommer- auf Winterreifen. Das haben wir akzeptiert. Aber schon beim Wechsel von Sommerzeit auf Winterzeit gab es Geraune. Das Genöle wuchs dann bei der Bücken-Sanierung, weil jeder gezwungen war, für drei Jahre eine andere Strecke in die Arbeit zu nehmen. Erst kommt der Stau, dann die Aggression.

Kommt womöglich ein Teil des Fremdenhasses aus einem Gefühl von Neid? Weil wir spüren, dass sie uns in der Anpassungsfähigkeit voraus sind. Wer aus einem Kriegsgebiet kommt und nicht weiß, ob sein Kind heil aus dem Kindergar-

ten zurückkommt, und wer dann auf der Flucht jeden Tag aufs Neue um sein Überleben kämpfen muss, hat uns viel voraus. Nämlich das Training, unerwartete Herausforderungen ständig bewältigen zu müssen. Das macht stark und angstfrei.
In Zeiten von massiven Veränderungen hilft uns weder Bausparvertrag noch Lebensversicherung. Der blanke Mensch ist gefragt. Und darauf hat uns niemand vorbereitet.
Da auch die Politik nicht vorhersagen kann, was in fünf Jahren ist, wird nun denen am meisten geglaubt, die einfache Lösungen anbieten und vor allem mehr Sicherheit versprechen. Der Verleger und Journalist Jakob Augstein schreibt: »Sie setzen ihre Hoffnungen in autoritäres Denken, sie haben das Vertrauen in die liberalen Institutionen verloren. Die Mitte verliert ihre Bindekräfte. (...) Früher war die Zukunft immer links. Die Utopie war immer links. Aber die Leute suchen ihr Heil nicht in der Zukunft, sondern in der Vergangenheit. In der Nation.« (Aus »Links oder Rechts?« Penguin 2016).

Es geht darum, den Menschen und damit den Wählerinnen und Wählern Mut zu machen. Mut, ein Teil der Veränderung zu sein, die die Zukunft der Welt braucht. Dazu gehört auch, den Zorn und den Hass in den Griff zu bekommen. Vor allem in den sozialen Netzwerken. Das Internet darf nicht die rechtsfreie Spielwiese für die Rechtsradikalen bleiben.
Um das Pflänzchen Demokratie vor Hatern, Extremisten, Rassisten, Sexisten, Homophoben und Antisemiten zu schützen, muss jeder ran.
Das ist anstrengend.

Ja und!

»Ich befürchte, dass man auf dieser Welt dazu
verdammt ist, Amboss oder Hammer zu sein;
glücklich, wer diesem Zwiespalt entkommt.«

Aus dem *Dictionnaire philosophique portatif* von Francois-Marie Arouet, genannt Voltaire. Es erschien im Jahr 1764 und wurde verboten und verbrannt. Es gelang nicht, alle Exemplare zu vernichten, das Buch existiert bis heute.
Es ist ein Werk gegen Dummheit, Maßlosigkeit und Fanatismus. Ein Aufruf zu Toleranz, zu Anstand und zum Gebrauch des Verstandes, der an Aktualität nichts verloren hat.

Kurz vor Drucklegung des Buches gab es erneut brutale Angriffe auf Politiker.
Matthias Ecke, der Spitzenkandidat der SPD in Sachsen für die Europawahl, wurde beim Aufhängen der Wahlplakate von vier Personen angegriffen und mit Faustschlägen ins Gesicht schwer verletzt. Wenige Meter entfernt griff dieselbe Gruppe einen Plakatierer der Grünen an. Der grüne Landtagsabgeordnete Lippmann: »Sie schlugen auch unserem Helfer ins Gesicht, traten auf ihn ein. Gott sei Dank wurde er nicht so schwer verletzt wie Herr Ecke.« Einen Tag später stellte sich einer der Täter, ein 17jähriger Deutscher.